本书受安徽省 2019 年度高校优秀青年人才支持计划项目
和安徽财经大学著作出版基金资助

RESEARCH ON

刑事诉讼中的
视频监控证据

VIDEO SURVEILLANCE
EVIDENCE

IN CRIMINAL PROCEDURE

纵博 著

社会科学文献出版社
SOCIAL SCIENCES ACADEMIC PRESS (CHINA)

前　言

随着科技的发展，侦查的科技化程度也不断提高，随之而来的是侦查行为对公民权利造成更为广泛而深刻的影响。但目前我国对于新型科技在侦查中的运用及规制研究不多，导致理论严重滞后于实践，更缺乏前瞻性。因此，本书以视频监控证据在刑事诉讼中的运用为主题进行研究，探讨视频监控证据的收集可能对公民权利造成的侵害以及法律规制的路径；同时，根据视频监控证据的科技基础，研究如何从技术层面构建保障监控证据真实性的规则；另外，本书还研究了视频监控证据的证明力判断路径及方法。本书的研究可引起实务界和学术界对完善监控类证据在刑事诉讼中的运用规则问题的关注，为运用于刑事诉讼的若干新型公共监控技术提供法律规制的理论基础，以求实现侦查利益与公民权利之间的平衡。

目前，视频监控系统在我国已经非常普及。我国的视频监控系统的安装主体以公安机关为主，其他机关、单位和个人也安装了各种各样的视频监控系统。视频监控证据是通过视频监控系统而获得的包括影像、声音和各种附随数据在内的一种证据，在我国的刑事诉讼和治安案件中视频监控证据的运用越来越多。然而，由于这一证据在技术上比较先进，形式也比较新颖，在诉讼中如何运用还存在很多问题，司法人员对此也存在很多误解，导致视频监控证据在刑事诉讼中未能发挥应有的作用。而在刑事证据法学界，对于视频监控证据的证据能力要件包括哪些、如何判断其证明力、视频监控证据在诉讼中发挥何种作用等重要问题尚没有多少研究，无法给实务提供理论指导。因此，本书以刑事诉讼中视频监控证据的证据能力与证明力为主要研究对象，通过对视频监控证据在我国刑事诉讼中运用状况的实证考察以及一定的比较研究，结合刑事证据法的基本理论，重点研究视频监控证据的证据能力要件及证明力判断问题，为刑事诉讼中视频监控证据的运用提供理论支持。

本书在结构上共分为 5 章，其主要内容分别如下。

第一章主要介绍了视频监控系统在近年来的发展，并分析了我国《刑事诉讼法》和司法解释中能够适用于视频监控证据的相关证据规则不足的状况，由此提出本书的研究主题：刑事诉讼中视频监控证据的证据能力和证明力。其后，围绕视频监控证据的证据能力、证明力两大问题对国内外已有的相关研究成果进行了简要的回顾和总结。最后，对本书的研究方法进行了说明，本书的研究主要采取实证研究方法、法律解释方法、案例分析方法和比较研究方法。

第二章主要对视频监控系统的结构及发展历程、视频监控证据包含的信息内容及其生成过程、视频监控证据在证据分类上的定位进行了探讨。本章是本书的基础性内容，首先，介绍了视频监控系统的结构及特征。然后，对视频监控证据所包含的三部分证据信息，即"图像信息、声音信息、附随信息"分别进行了介绍。视频监控证据的生成过程比较复杂，要经过证据信息的收集、证据信息的传输、证据信息的存储、证据信息的提取几个环节。按照我国法定的证据分类体系，数字化的视频监控证据同时属于视听资料和电子数据证据，所以对其证据能力和证明力的审查判断要同时遵循这两类证据的相关规则。根据其他国家的人证、物证、书证的证据分类三分法，将视频监控证据定位于物证是最适当的，这一定位主要是着眼于对视频监控证据的证据调查方式。

第三章通过对视频监控证据在我国刑事诉讼中运用的状况进行实证调研，并对结果进行分析，指出对于视频监控证据的证据能力及证明力研究不足，导致实践运用不足的问题。进行实证调研的目的主要是通过对视频监控证据在实务中的运用情况进行了解。本章主要阐述了实证调研的范围和对象、实证调研的结果及原因分析。从调研结果来看，涉及视频监控证据的刑事案件数量并不多，而在这不多的案件中，大多数是将视频监控证据作为侦查破案的线索来使用，而很少将其作为法庭证据使用。在实践中对于视频监控证据的运用程序及机制，并无统一规范，所以其收集、移送等程序都较为混乱。在针对公检法工作人员的问卷调查和访谈中，发现他们对于视频监控证据如何使用、在诉讼证明中能够发挥什么作用等问题还有很多疑问和误解，这些现象或许是导致视频监控证据在法庭上使用不足的重要原因。因此，为充分发挥视频监控证据的法庭证明作用，应加强对其证据能力和证明力问题的研究，为司法人员的实践提供理论指引。

第四章是对视频监控证据的证据能力的探讨，是本书的重点。因为研究视频监控证据最为重要的是对其证据能力和证明力的研究，而证据能力的研究又是重中之重，因为证据能力决定了何种视频监控证据可作为证据使用。本章首先界定了我国证据能力概念的定位，对其他国家视频监控证据的证据能力规范进行了比较研究，并总结出对我国的启示。然后对视频监控证据的证据能力要件问题进行探讨，认为视频监控证据的证据能力要件为关联性、取证手段及程序的合法性、真实性保障条件。关联性要件中，包括具有直接关联性的视频监控证据及间接关联性的视频监控证据，要防止实践中对于视频监控证据关联性问题的狭隘认识。在视频监控证据的取证手段及程序合法性要件中，最主要的问题是技术侦查型的视频监控对公民隐私权的侵犯问题，其次是取证程序的合法性问题。英美法系对于视频监控证据的合法性均以公民隐私权保护为中心进行规范，我国也应重视视频监控证据对隐私权的侵害问题，依据我国《刑事诉讼法》规定的技术侦查规范，从权利保障及权力制约两方面对视频监控证据的合法性进行规范，防止侦查人员在取证时利用视频监控系统的功能侵害公民权利。具体而言，根据视频监控系统安装场所、安装主体、使用功能的不同分别探讨其是否侵害隐私权、是否合法。侦查机关之外的主体出于故意或过失通过对私人场所的监控而获得的证据，是侵害公民隐私权的证据，但一般不需排除，而只需追究行为人法律责任即可达到制裁目的；若侦查机关并非故意而导致侵害公民隐私权并获得视频监控证据，其行为不属于非法技术侦查行为，并未严重影响司法公正，无须排除证据；若侦查机关出于故意而侵害他人隐私权，就构成非法技术侦查行为，对于获得的视频监控证据，要根据是否属于瑕疵证据、是否能够补正或合理解释而决定是否进行排除。在取证程序方面，根据视频监控证据是否属于技术侦查证据、是否属于搜查或扣押所获证据，从适用案件范围、收集方式、批准程序、实施范围几个方面对取证程序合法性进行判断，如果有违反法律强制性规定的情况，即为应当排除的非法证据。所谓视频监控证据的真实性保障条件，即在视频监控证据的收集过程中，必须从形式上证明该证据的生成、取证规程和保管等环节均具备真实性的保障条件，不存在被篡改、伪造的可能性。真实性保障条件的证据规则与英美法系中为提高事实认定准确性的规则发挥着相同的功能。因此，结合视频监控证据的属性及特征，应从视频监控证据的生成过程、收集过程、保管链条三个环节判断是否有影响其真实性的因素，如果因取证违反法定规程和方法而无法保障其客观真实性，就应将其排除。对于真实性保障条件的证明方法，可以采取推定、证人证言、书面笔录及取证录像等方式进行证明。

第五章是对视频监控证据证明力问题的探讨。由于视频监控证据兼具电子数据和视听资料的属性，故对于视频监控证据的证明力，应主要从证据的可靠性、完整性两个核心方面入手进行判断。可靠性要从视频监控证据的生成、收集及流转过程是否保障其客观真实性进行判断；而完整性则从视频监控证据本身的完整性以及视频监控系统的完整性进行判断。在视频监控证据的证明力判断中，对于视频监控中的人像是否同一、视频监控证据是否被伪造的判断难度超出法官的能力范围时，需要进行鉴定，以辅助其证明力的判断，但法官依然享有是否采纳鉴定意见的裁量权。随着数字技术的不断发展，视频监控证据的复制件应具有与原件相同的证明力，除非复制过程中其客观真实性受到损害。视频监控证据所包含的证据信息内容不同，其证明力也不同，对于能够确实、充分地证明犯罪构成要件的视频监控证据，可不要求其他证据印证而仅在审查视频监控证据可靠性、完整性的基础上直接定案；对于基本能够证明犯罪构成要件，但对其中某个要件证明力不足的视频监控证据，可以在补充能够证明该构成要件的其他证据之后进行定案。

目　录

第一章　导论

第一节　研究背景

随着电子技术及计算机技术的发展，视频监控系统在世界各国成为一种普遍的社会监控和控制工具，无论是官方的还是私人的视频监控系统，其规模都迅速发展起来。英国自 20 世纪 70 年代即开始安装闭路电视系统（Closed Circuit Television，以下简称"CCTV"），是世界上较早使用 CCTV 对公共场所进行视频监控的国家。90 年代以来，英国政府开始实施"地方管理局 CCTV 计划"，CCTV 系统开始在英国大范围安装和使用，到 2011 年，英国大概有视频监控摄像头 420 万个，约占全世界视频监控摄像头总量的 25%，平均每 13 个人就有一个摄像头，每个人每天被视频监控的次数约为 300 次。① 美国虽然对于个人行动自由较为重视，视频监控系统不如英国普遍，但几乎所有的大型企业都安装视频监控系统，据统计，仅纽约曼哈顿地区就有 2400 个户外闭路监视系统，美国其他一些地方为了预防犯罪和加强反恐，也投入巨额资金建设视频监控系统，如芝加哥在 2006 年投入 500 万美元实施一项安全计划，在该市住宅区安装超过 2000 个监控摄像头。② 在澳大利亚，33 个主要城市的市中心、大众运输系统、商业区、停车场等公共场所，都装有视频监控系统。在日本，警方于 2004 年底在全国安装了 174 套路口监控系统，地方自治单位或商

① 陈桂香、罗志成：《苏格兰 CCTV 国家战略概况》，《中国安防》2011 年第 4 期。
② 陈燕莹：《监视录影器防制窃盗犯罪效能之研究——警察与犯罪者之观点》，中正大学硕士学位论文，2007，第 32 页。

店等民间组织，也自发安装监控系统，在技术发展方面，许多地方已经采取最新的网络监控技术，每个用户还有专属的 ID（账号）和 password（密码），用户在家中通过联网即可查看街头、公园等地方的监控影像。①

在我国，公共视频监控系统的建设始于 2003 年公安机关开始探索和实施城市报警与监控系统建设。2005 年，公安部在全国确立了 22 个城市作为试点城市，各省、市确立了 477 个二级、三级试点开展建设。全国各地视频监控系统发展极其迅速。截至 2007 年，北京市已经拥有监控摄像头 26.5 万个，上海市的监控摄像头也已经超过 20 万个，广州市的监控摄像头已达 25 万个。而西部的重庆市在 2011 年就已经拥有 31 万个监控摄像头，并且该市在 2014 年之前增设 20 万个监控摄像头，因为当时的规模还不足以达到全方位监控的效果。除了上述城市之外，深圳等城市的监控摄像头也达到 20 万个以上，甚至湖南省长沙市芙蓉区一个区所拥有的监控摄像头就达到了 4 万个，而浙江省的县级市义乌市的监控摄像头也达到了 15000 多个。② 随着视频监控系统大规模的普及，我们已经进入一个"监控社会"。③

由于计算机技术和视频影像技术的飞速发展，视频监控系统智能化程度越来越高，除了传统的视频监控功能之外，还具有自动报警、人脸识别、④ 物体识别、医疗救助、自动检测等功能，因此，除了警方因社会治安管理和刑事案件侦查需要使用视频监控系统外，其他行政机关基于社会管理的需要，也开始安装、使用视频监控系统，如城市管理机关、税务管理机关、交通管理机关等。但不可否认的是，视频监控的主要功能依然是犯罪预防和刑事案件侦查。通过以公安机关

---

① 陈燕莹：《监视录影器防制窃盗犯罪效能之研究——警察与犯罪者之观点》，中正大学硕士学位论文，2007，第 32~33 页。

② 郝宏奎：《视频证据在刑事诉讼中的功能及其发展前景——从伦敦地铁爆炸案谈起》，载何家弘主编《证据学论坛》第 14 卷，法律出版社，2008，第 271 页。

③ 早在 1948 年，英国作家乔治·奥威尔在其小说《一九八四》中，曾预言似的描述一个处于 1984 年的社会，人们的一举一动都被一个"老大哥"监视，在监视中使用很多新技术、新科技，甚至人们的居室也被安装了高科技设备，人们的一举一动、一言一行无时无刻不被监视。在英美国家诸多论述视频监控的学术论著中，都曾引用奥威尔的这一"监控社会"原型。

④ 参见 Christopher S. Milligan, "Facial Recognition Technology, Video Surveillance, and Privacy", *S. Cal. Interdisc. L. J.* 9,（1999）：295。

为主而在全国进行的监控系统建设，公安机关开始发展出一种全新的警务模式——监控式警务。作为一种直观、有效的监控模式，视频监控可以在降低犯罪率、保障社会秩序方面发挥一定的作用，国内外的一些研究成果也揭示出这一作用。在犯罪侦查方面，视频监控系统可以发挥为侦查提供线索、锁定犯罪嫌疑人、还原案发现场情况、保存诉讼证据等功能。

随着视频监控系统的发展，在刑事诉讼中视频监控证据将会发挥越来越重要的作用，尤其是对于发生在公共场所的高发犯罪，如盗窃、抢劫、抢夺、交通肇事、故意伤害等犯罪，能够发挥较强的证明作用，有利于准确地定罪量刑，因此有必要对这一新型科技证据的证据能力、证明力问题进行研究，为其运用提供理论指引。然而，从法学界对视频监控系统的研究方面来看，无论是国内还是国外，主要的研究基本上集中在两个方面，一是视频监控系统的犯罪预防效果和对刑事侦查的辅助作用方面，[①] 这实际上是属于犯罪学、侦查学的研究范畴；二是视频监控系统与隐私权冲突的宪法考察方面，[②] 在这部分研究成果中，有部分涉及视频监控证据在刑事诉讼中的合法性问题。但总体上，对于通过视频监控系统所获得的证据在刑事诉讼中的使用问题，很少有学者进行全面的研究。在实务中，虽然我国视频监控系统发展较快，数量较多，但在刑事诉讼中对视频监控证据的使用却不尽如人意，很多司法人员不清楚如何使用视频监控证据，既不知道如何从法律角度保障视频监控证据的证据能力，也不知道在证明力层次上视频监控证据能够发挥何种作用。而现行立法及司法解释的规定又严重不足，与视频监控证据相关的条款较少，2012 年修订的《中华人民共和国刑事诉讼法》（以下简称《刑事诉讼

[①] 如 Benjamin J. Goold, *Public Area Surveillance and Police Practices in Britain*（Oxford University Press，2004）等；杨建国：《论视频监控的犯罪预防功能及犯罪侦查价值》，《犯罪研究》2011 年第 1 期；黄顺忠、林燕山：《当前监控录像技术在刑事侦查中的使用现状及对策》，《河南公安高等专科学校学报》2009 年第 6 期；等等。

[②] Robert D. Bickel, Susan Brinkley & Wendy White, "Seeing Past Privacy: Will the Development and Application of CCTV and Other Video Security Technology Compromise and Essential Constitutional Right in a Democracy, or Will the Courts Strike a Proper Balance?" *Stetson L. Rev.* 33（2003）：299 等；杨秋霞：《"电子眼"下的隐私权及法律救济》，《山东工商学院学报》2012 年第 4 期；等等。

法》）仅在证据种类上增加了"电子数据",① 而最高人民法院 2012 年发
布的《最高人民法院关于适用〈中华人民共和国刑事诉讼法〉的解释》
（以下简称《解释》②）则仅在第 92 条、第 93 条对视听资料、电子数据的
审查判断要点进行了简要规范,《解释》第 94 条还规定了经审查无法确
定真伪的以及制作、取得的时间、地点、方式等有疑问,不能提供必要
证明或者作出合理解释的视听资料、电子数据不得作为定案根据。这些
规范并未明确区分证据能力要素和证明力要素,而是将其混淆在一起,
法律及司法解释的这种粗疏规范,容易使司法人员产生规则适用方面的
困惑,也不利于规范视频监控证据的证据能力。从这些简单的规范中,
司法人员很难明确视频监控证据必须符合哪些要件才能具有证据能力、
如何判断其证明力等问题,这可能也是导致视频监控证据在诉讼证明中
运用不足的重要原因之一,所以现行法律规范对于视频监控证据在实践
中的运用来说严重不足。

近年来,视频监控系统不断向电子化、智能化、多样化的方向发展,
视频监控证据在刑事诉讼中的使用问题将会越来越复杂,如何审查判断
视频监控证据的证据能力和证明力,如何收集、运用视频监控证据,将
越来越具有技术性,在证据法上也会有更多难题,司法人员面对这一越
来越新的技术,将会更加无所适从。而基于立法的保守性,不可能做到
紧随着科学技术的进步而进行法律的调整,即便是一些已经广泛应用的
科技,也无法很快在立法上得到体现。③ 因此,学术界必须从证据法学和
刑事诉讼法学的角度,根据视频监控证据这一高科技证据的特点,对视
频监控证据的属性、证据能力、证明力、侦查及审判中的运用等问题进
行研究,以填补这一领域的空白,为视频监控证据在实务中的运用奠定
基础。有鉴于此,笔者将视频监控证据作为本书研究的主题,以视频监

---

① 《刑事诉讼法》已于 2018 年 10 月 26 日由全国人大常委会进行再次修订,下文中除特别
指出外,所引条文均为 2018 年修订后的《刑事诉讼法》条文。

② 本书中出现的《解释》均为《最高人民法院关于适用〈中华人民共和国刑事诉讼法〉
的解释》的简称。

③ "Further, the conservative nature of the profession has sometimes prevented it from embracing
modern forms of technology and methods of communication." 参见 Jordan S. Gruber, Christopher
M. Nicholson, Joshua A. S. Reichek, "Video Technology", *Am. Jur. Trials* 58 (1996): 481.

控证据在刑事诉讼中的运用为主线，对这一证据形式进行全面研究，研究的重点在于视频监控证据的证据能力及证明力问题。

第二节　研究情况回顾

在法学界针对视频监控的学术研究中，目前主要集中在视频监控对刑事侦查的作用，[1] 以及视频监控与隐私权冲突的宪法考察方面。[2] 在视频监控对刑事侦查作用方面，很多学者都得出了一致的结论，即视频监控系统能够起到强化侦查机关快速打击犯罪能力、为进一步侦查提供线索和证据、为串案提供依据、为审讯提供有力武器等作用，[3] 但这些基本上是对视频监控系统实践作用的总结，并无多大的学术及实践价值。在视频监控与隐私权之间冲突方面，主要的学术观点即分析视频监控是否对隐私权产生侵害，并在借鉴国外理论的基础上对我国规制视频监控系统提出若干建议。由于我国缺乏隐私权的高度保障，而这种研究主要是移植国外的理论并对我国应如何规制视频监控系统提出若干建议，所以其可行性较小，缺乏实现的基础。

对于通过视频监控系统所获得的证据在刑事诉讼中使用问题的研究，特别是针对这一新类型证据的证据能力、证明力的全面研究，很少有学者关注和涉足。具体而言，针对视频监控证据在刑事诉讼中的证据能力和证明力问题，国内外的大致研究情况总结如下。

---

[1] 国外的文献如 Benjamin J. Goold, *Public Area Surveillance and Police Practices in Britain*（oxford University Press, 2004）等。国内的文献如杨建国《论视频监控的犯罪预防功能及犯罪侦查价值》，《犯罪研究》2011 年第 1 期；黄顺忠、林燕山《当前监控录像技术在刑事侦查中的使用现状及对策》，《河南公安高等专科学校学报》2009 年第 6 期；等等。

[2] 国外的文献如 Robert D. Bickel, Susan Brinkley & Wendy White, "Seeing Past Privacy：Will the Development and Application of CCTV and Other Video Security Technology Compromise an Essential Constitutional Right in a Democracy, or Will the Courts Strike a Proper Balance?", *Stetson L. Rev.* 33（2003）：299 等；国内的文献如杨秋霞《"电子眼"下的隐私权及法律救济》，《山东工商学院学报》2012 年第 4 期等。

[3] 参见许细燕、梁惠萍《论公共安全视频系统在侦查中的应用》，《贵州警官职业学院学报》2009 年第 4 期；陈世革《公共安全视频监控系统在侦查中的应用与完善》，《犯罪研究》2009 年第 3 期；等等。

1. 国内外关于视频监控证据的证据能力研究

在国内文献中，很少有专门针对视频监控证据的证据能力方面的研究。有学者对视频监控证据规则进行了探讨，认为在视频监控证据的采集过程中应遵循调取人员不少于两人、表明身份和出示相关证明、提取的证据应与案件有关联、尽量提取证据原件、做好相关记录这几项规则，而在审查视频监控证据时则应审查视频监控证据的来源是否合法、是否为原件，有无复制及复制份数、内容和制作过程是否真实，审查视频监控证据的内容与案件事实有无关联性等。① 由此可见，实际上该学者并未严格区分视频监控证据的证据能力和证明力问题，而是将二者合并论述。另有学者指出，治安视频监控资料必须具有合法性才能具有证据能力，如果视频监控资料的取得方法侵犯了他人的合法权益或是违反了法律的禁止性规定，就不具备证据能力。② 但该学者将视频监控证据的证据能力集中于合法性一个方面，对其他要件却并未探讨显然是不全面的，视频监控证据的证据能力不应仅限于合法性这一个要件。所以从目前国内的研究来看，尚没有对视频监控证据的证据能力要件问题进行厘清。

在与视频监控证据紧密相关的视听资料与电子证据方面，有学者进行了较多的研究，对这些证据的证据能力判断问题也进行了详细的阐述。如有学者在比较法研究的基础上，分别对录音证据、录像证据和计算机证据的证据能力规则进行了归纳，并对包括监控录像的可采性在内的诸多具体问题进行了研究。③ 而另有学者对电子证据的证据能力规则进行了总结和归纳，认为电子证据的认定应当遵循平等赋予原则、非歧视性原则，其审查判断的标准为关联性、合法性和真实性（此处所指的真实性与我们所理解的证据的真实性并不是一回事，而是一种形式上的真实性）。④ 这些研究以及对证据能力问题的其他研究为视频监控证据的证据能力研究奠

---

① 徐伟红：《视频监控证据规则研究》，《中国安防》2012 年第 10 期。
② 刘国滨：《谈治安视频监控资料在命案侦查中的证据效力》，《江西公安专科学校学报》2009 年第 2 期。
③ 这方面的论著如张斌《视听资料研究》，中国人民公安大学出版社，2005，第 145 ~ 160 页。
④ 参见何家弘、刘品新《电子证据法研究》，法律出版社，2002，第 109 ~ 111 页。

定了一定的理论基础，在分析视频监控证据的证据能力要件时，是重要的参考资料。在对视频监控证据以及与之密切相关的电子证据、视听资料的证据能力研究方面，对证据合法性问题的研究成果较多。在国内的研究中，有学者认为合法性主要是指对视频监控证据的采集要遵循《刑事诉讼法》的相应规范，如提取复制件的相关规定、笔录的制作等程序。① 还有学者从视频监控证据使用的规范化角度，认为应当加强视频监控系统的相关管理、建立完善的视频监控证据收集保存制度、加强对公民隐私权的保护，发挥视频监控证据在诉讼中的实效，但并未清楚地界定视频监控证据的合法性界限。② 另有学者从公民隐私权保护的角度认为应当从行政法角度规范视频监控的使用，但并未探讨是否应从刑事证据合法性角度介入这一问题。③ 还有学者从视频监控证据在侦查中的使用角度，指出视频监控证据目前主要存在的问题是提取、保存不规范，严重影响了证据在诉讼中的证明作用。④ 对视听资料的研究中，学者针对录音、录像及计算机证据，分别探讨了其合法性要件。如录音证据的私下录音合法性问题、刑事诉讼中的监听问题、不同情形下监控录像的合法性问题。⑤ 而对电子证据的合法性问题，学者则从计算机搜查、计算机现场勘验、网络监控等方面，分别研究了各类电子取证方法的合法性界限，对于研究视频监控证据具有很大的参考作用。⑥

证据的真实性保障条件也是证据能力的要件之一。这里的真实性保障是指对证据的客观真实性的保障条件，而不是指证明力意义上的客观真实性。所谓真实性保障条件，即从取证规程、方法和证据自身的性质等方面从形式上保障证据的客观真实性、证据信息的完整可靠性的条件。⑦ 有学者

---

① 徐伟红：《视频监控证据规则研究》，《中国安防》2012 年第 10 期。

② 李涛：《视频侦查规范化研究》，《辽宁公安司法管理干部学院学报》2011 年第 1 期。

③ 杨秋霞：《"电子眼"下的隐私权及法律救济》，《山东工商学院学报》2012 年第 4 期。

④ 黄顺忠、林燕山：《当前监控录像技术在刑事侦查中的使用现状及对策》，《河南公安高等专科学校学报》2009 年第 6 期。

⑤ 参见张斌《视听资料研究》，中国人民公安大学出版社，2005，第 126～130 页。

⑥ 具体请参见刘品新《电子取证的法律规制》，中国法制出版社，2010。

⑦ 纵博、马静华：《论证据客观性保障规则》，《山东大学学报》（哲学社会科学版）2013 年第 4 期。

认为这与美国的证据鉴真（authentication）制度相似，[①] 实际上，我国的证据真实性保障规则与美国的鉴真制度有很多不同之处，但总体的程序目的是相似的，都是为了保障证据的形式真实性，与英美法系中为提高事实认定准确性的证据规则功能是一致的。对于视频监控证据的真实性保障问题，国内研究较少。但在视听资料和电子证据的真实性保障方面，学者进行的研究值得借鉴。有学者认为，第一，应审查视听电子证据的合法性，违反法定程序收集和存储的证据，其虚假的可能性比合法收集的证据要大得多。第二，要审查视听资料的来源、产生时间、地点、制作人等情况，审查录像录音的过程，确认有无伪造和篡改的可能。第三，通过使用特定的技术，增加视听电子证据的可靠性，使数据出来后可以充分再认证这些视听证据是当时当地来自该录像录音设备，而且没有经过任何改动。[②] 但该论述并非针对证据的真实性保障问题，而是未进行证据能力和证明力的区分一并论述。在对电子证据的鉴真（也有学者译为"鉴证"）方面，也有学者经过比较法的研究后，指出对电子证据的鉴真应当遵循非歧视性原则；鉴真所针对的是证据的形式真实性，而非实质可靠性；主要采取的是侧面认定的方式，如自认、证人作证、推定和鉴定方式。[③] 这些研究对于视频监控证据的真实性保障研究来说都是原理相通的，因此可以适当借鉴。

在国外的研究资料中，全面研究视频监控证据的证据能力问题的文献也极少。有部分文献在内容中涉及这一问题，如有美国学者从检察官运用视频、音频证据的角度，对这类证据提出了可理解性、鉴真、在法庭上出示这几个要件，不符合这几个要件的证据就不可采。[④] 还有学者在讨论警方的新型车载视频监控系统时，指出视频监控证据具备证据能力的要件为关联性，鉴真，对编辑、修改方面的审查以及证明价值与所带来的偏见的衡量这几个方面，从英美法系的角度来看，该研究可谓较为全面地列举了视

---

① 陈瑞华：《实物证据的鉴真问题》，《法学研究》2011 年第 5 期。

② 陈海燕：《论视听资料的技术发展所带来的法律问题和技术对策》，《电信科学》2010 年第 11A 期。

③ 参见刘品新《美国电子证据规则》，中国检察出版社，2004，第 111 页。

④ James A. Griffin, "A Prosecutor's Guide to Obtaining and Presenting Audio and Video Evidence", *DEC Prosecutor* 29 (1995): 30.

频监控证据的证据能力要件。在国外，对视频监控证据研究主要集中于合法性，即探讨视频监控证据在宪法和刑事诉讼法上是否侵害了公民隐私权，是否构成违法搜查。英、美国家这方面的文献较多。如有美国学者对此进行了系统的研究，认为在美国联邦层面，联邦最高法院关于警方行为是否构成搜查的隐私权期待标准，使得视频监控证据根本不可能符合搜查的要件，不仅如此，各州法院也通常采用联邦的隐私权期待标准，因而在各州视频监控证据也很难因被告人主张侵害隐私权而排除。美国国会采取回避态度，一直拒绝制定针对国家对公民进行视频监控的相关法律。因此，美国的视频监控证据与隐私权的冲突问题，还没有一个明确的法律框架，处于无穷的争议之中。① 另外还有美国学者从视频监控系统的新功能规制方面，认为应当有适合的法律措施规范视频监控证据的放大、平移、转换等高级功能的运用。② 但对于刑事诉讼中因侵害隐私权而排除视频监控证据的问题，美国学者普遍认为难度较大，或基本上不可能获得法院支持。③

根据英国学者的总结，英国并不是像美国那样在宪法框架下构建的法律体系，而是在一系列普通法和制定法下搭建了隐私权保护的框架。在这一框架下，包含大量的国内法律法规，如《信息保护法》（Data Protection Act of 1998）、《信息保护令》（Data Protection Order 2000）④、1994年的《刑事司法与公共秩序法》，除此之外还有欧盟的相关法律。但问题

---

① Quentin Burrows, "Scowl Because You're on Candid Camera: Privacy and Video Surveillance", *Val. U. L. Rev.* 31 (1997): 1079; Robert D. Bickel & Susan Brinkley & Wendy White, "Seeing Past Privacy: Will the Development and Application of CCTV and Other Video Security Technology Compromise an Essential Constitutional Right in a Democracy, or Will the Courts Strike a Proper Balance?", *Stetson L. Rev.* 33 (2003): 299.

② Jeremy Brown, "Pan, Tilt, Zoom: Regulating the Use of Video Surveillance of Public Places", *Berkeley Tech. L. J.* 23 (2008): 755.

③ Robert D. Bickel, Susan Brinkley & Wendy White, "Seeing Past Privacy: Will the Development and Application of CCTV and Other Video Security Technology Compromise an Essential Constitutional Right in a Democracy, or Will the Courts Strike a Proper Balance?", *Stetson L. Rev.* 33 (2003): 299; Marc Jonathan Blitz, "Video Surveillance and the Constitution of Public Space: Fitting the Fourth Amendment to a World that Tracks Image and Identity", *Tex. L. Rev.* 82 (2004): 1349.

④ "data"的中文意义为"数据、资料、材料、信息、诸元、论据、作为论据的事实、详细的技术情报"等，参见《现代英汉综合大辞典》，上海科学文献技术出版社，1990。但英国立法的内容主要是保护公民个人信息，因此在此译为《信息保护法》和《信息保护令》。

在于，英国的立法对视频监控系统使用规制，只能发挥极其有限的作用，因此不断有人批评英国的法律力度太弱以至于视频监控系统不断被滥用。在英国，对视频监控及隐私权关系影响最大的判例是派克诉英国案（*Case of Peck v. The United Kingdom*）。这一判例对于英国的视频监控系统来说意义重大，它从宏观上界定了视频监控系统的目的，尤其是对于散布视频监控资料进行了严格的规范。但从总体上看，在视频监控系统非常发达的英国，对于隐私权的保护问题也有许多未能解决的疑问，虽然国家试图通过立法对这一问题进行规范，但因立法的繁杂、模糊，并未能提供一个清晰的法律框架。在侵害隐私权的视频监控证据的证据能力问题上，英国的立法并没有明确规定，但在理论上应当是按照一般非法证据进行排除。因为英国的法官在普通法上对排除证据有较大的自由裁量权，且《警察与刑事证据法》保留了法官的这一权力，[①] 所以在排除视频监控证据上，法官要根据视频监控证据的证明价值与其造成的隐私权损害结果综合权衡来判断是否应当将其排除。

在国外，对视频监控证据的真实性保障问题，主要的研究是美国的证据鉴真问题中涉及视频监控证据的部分。如有学者从司法实践角度出发，指出在法庭中常见的鉴真问题是被告人认为视频监控证据有伪造、删改等情形，因此，证人的宣誓证言、专家的鉴定就是鉴真中不可少的步骤。[②] 另外，还有学者总结和归纳了视频证据鉴真应当证明的全部内容，包括不存在进行拍摄和录制时，设备成像的原因导致的图像与真实情况不一致、录像制作者的主观原因导致的图像失真或歪曲等九个方面。[③] 而美国的国际警察首长协会则在其报告中，将视频监控证据的鉴真问题集中于以下四个方面：①场所；②日期；③时间；④是否存在对图像的整体或部分修改。对于场所比较容易证明，而日期与时间往往是显示在视频证据上的，如果没有显示的话，就需要证人进行证明。最为关

---

① 参见〔英〕克里斯托弗·艾伦《英国证据法实务指南》，王进喜译，中国法制出版社，2012，第 259 页。

② James A. Griffin, "A Prosecutor's Guide to Obtaining and Presenting Audio and Video Evidence", *DEC Prosecutor* 29（1995）：30.

③ Jordan S. Gruber, Christopher M. Nicholson, Joshua A. S. Reichek, "Video Technology", *Am. Jur. Trials* 58（1996）：481.

键的就是第四部分的证明，即证明视频中所录制的画面就是实际发生的事实，而对于数字化的视频证据来说，要证明的则是视频中的画面就是准确、完整地对事实真相进行的最初录像。对于这一点，通常需要证人宣誓作证进行证明，但当不存在这类证人时，就需要从技术上进行鉴真。另外，无论是模拟的视频证据，还是数字化的视频证据，都需要进行保管链条的证明，因为对于这类证据来说，有可能接触到证据的人都有可能会修改、伪造证据。为了实现对保管链条的证明，美国的科学家们发明了数种技术手段，如水印、数字签名、加密等。最后，为了对视频证据进行鉴真，有时不得不依靠专家证人，即由诚实的、名声较好的本领域专家对视频监控证据的完整性、可靠性进行证明。

2. 国内外关于视频监控证据的证明力研究

对于视频监控证据的证明力问题，国内外都很少有专门研究。现有的文献主要有以下研究观点。有学者认为，对视频监控证据的证据力（也即证明力），应审查如下几点内容：审查视听资料的来源是否可靠，审查治安视频监控资料的形成时间及地点，审查治安视频监控资料的收集是否合法，审查治安视频监控资料的内容是否真实可靠，审查其关联性。[①] 该学者的论述显然是混淆了证据能力和证明力的要素，将合法性也作为证明力审查的要素之一。还有学者认为，为解决视频电子证据采信难的问题，必须确保视听电子证据的真实性、可靠性和完整性，用技术的手段充分认证视听电子证据是否有过修改或者伪造，甚至能验证出自哪个录像录音设备。为此，需要采取数字签名或脆弱水印等电子数据鉴别技术。[②]

但学界对于电子证据的证明力问题研究较多，所以可以从电子证据的证明力研究中进行借鉴，因为毕竟在数字化视频监控系统普及的今天，视频监控证据也属于电子数据的一种，而电子数据又是电子证据中的主

---

① 刘国旌：《谈治安视频监控资料在命案侦查中的证据效力》，《江西公安专科学校学报》2009 年第 2 期。
② 陈海燕：《论视听资料的技术发展所带来的法律问题和技术对策》，《电信科学》2010 年第 11A 期。

要部分。在电子证据的证明力研究方面，有学者在进行比较法研究的基础上提出，对电子证据的证明力认定应当遵循三大原则，即自由认定为主、参照标准为辅原则，平等赋予原则，综合认定原则。① 从电子证据的证明力认定标准来看，可靠性和完整性则是认定电子证据的核心标准，因此对这两个标准进行探讨对于认定电子证据证明力具有较强的指导意义。② 另外，关联性也是决定证据证明力大小的重要因素，但电子类证据的关联性与其他证据的关联性并无不同，都取决于以下三个方面：①所提出的电子证据要证明什么样的待证事实；②该事实是否是案件中的实质问题；③所提出的电子证据对该实质问题的证明作用有多大。③ 可靠性也即电子证据的真实程度，是衡量电子证据证明力的一个重要指标。完整性是电子证据证明力的一个特殊指标。所谓完整性，是指电子证据本身的完整性与电子证据所依赖的系统的完整性。电子证据本身的完整性是指证据内容保持完整和未改动，尤其是不得对电子证据进行非必要的添加或删减。④ 而系统的完整性则包括以下几个方面：记录该数据的电子系统在关键时刻处于正常状态；在正常运行状态下，电子系统对数据进行完整的记录；该数据记录必须是在业务活动当时或即后制作。⑤

对于视频监控证据来说，复制件的证明力问题是一个重要的问题。视频监控证据的原始证据是视频监控系统及其存储设备中的数据，但问题在于这并不能直接在诉讼中使用，而必须采取复制件的方式提供证据。根据学者的比较研究，在数字时代，随着复制技术的提高，各国对电子证据领域的最佳证据规则通过各种方式在立法上进行了扬弃。最为典型的是美国，在其《联邦证据规则》第 1001 条中，通过扩大解释"原件"的方式，将本应视为复制件的物品都解释为"原件"，如照相的底片或由底片冲印出的胶片，电脑中的打印物、输出物。并且还在第 1003 条规定副本与原件具有同等程度的可采性；第 1004 条规定了在原件丢失等情况

① 参见何家弘、刘品新《电子证据法研究》，法律出版社，2002，第 150~151 页。
② 参见何家弘、刘品新《电子证据法研究》，法律出版社，2002，第 151 页。
③ 参见麦永浩《电子数据司法鉴定实务》，法律出版社，2011，第 38 页。
④ 参见蒋平、杨莉莉《电子证据》，清华大学出版社、中国人民公安大学出版社，2007，第 171 页。
⑤ 参见何家弘、刘品新《电子证据法研究》，法律出版社，2002，第 152 页。

下可以直接采纳复制件。① 而英国法官则根本不愿意将最佳证据规则扩展至录像、录音等证据，他们认为这些证据并非真正意义的书面证据；对于其他电子证据尤其是计算机证据，英国则主要通过设置最佳证据规则的例外的方式排除最佳证据规则的使用。② 如果说早期的书证、物证的复制件、复制品无法达到原始证据的真实度和可靠度，因此证明力要比原始证据低，③ 那么现代的数据复制技术则完全可以达到与原始证据完全一样的水平，不会发生任何差异。因此，对于全部表现为"复制件"的视频监控证据，并非就意味着要限制其证明力，而是要给予其原始证据的待遇，平等评判其证明力。

对于视频监控证据在定案中的具体作用，我国的法学界没有什么研究。很多学者仅从侦查角度对视频监控证据进行研究，而不是从审判中视频监控证据的证明作用角度出发进行研究。④ 这就大大降低了研究的价值，因为在侦查中视频监控证据的使用属于侦查学的范畴，而对于视频监控证据来说，发挥其在诉讼证明中的作用更为重要、更为根本。国外的研究也较少，这是因为英美及大陆法系一般实行自由心证制度，除少数特定情形外，对于裁判者认定事实并不进行法律规制。正如学者所言，当有视频监控证据的时候，如果完整地反映了事情的经过，根本不需要任何其他证据就能将被告人定罪，这是一种构建犯罪画面的绝佳证据。但在我国，由于受传统的证据印证理论的影响，视频监控证据在定案中的作用并不能如此简单，而要根据其证据信息具体判断。

从以上国内外法学界对视频监控证据的研究方面来看，主要的研究集中在视频监控证据对刑事侦查的辅助作用方面，以及视频监控系统与隐私权冲突的宪法考察方面，而对于视频监控证据的证据能力及证明力缺乏全面的研究，现有的研究也并不深入，甚至有的观点还存在很多不

---

① 参见王进喜《美国〈联邦证据规则〉(2011 年重塑版) 条解》，中国法制出版社，2012，第 331~343 页。
② 参见陈学权《科技证据论——以刑事诉讼为视角》，中国政法大学出版社，2007，第 304 页。
③ 参见何家弘主编《新编证据法学》，法律出版社，2006，第 90~91 页。
④ 参见孙建安、樊春雨《从监控录像入手侦破刑事案件——一条全新、简捷、高效兼具证据价值的侦查途径》，《公安教育》2012 年第 2 期；陈世革《视频侦查的有效途径与方法》，《贵州警官职业学院学报》2011 年第 5 期；等等。

妥之处。因此，本书拟从证据法学和刑事诉讼法学的角度，根据视频监控证据这一高科技证据的特点，对视频监控证据的证据能力、证明力问题进行全面研究，以填补这一领域的空白，为视频监控证据在实务中的运用奠定基础。

第三节　研究方法

在研究方法上，本书主要采取下列四种研究方法。

1. 实证研究方法

在研究过程中，对我国目前刑事诉讼中视频监控证据的使用情况进行必要的实证调研，以掌握涉及视频监控证据使用的刑事案件数量、比例；视频监控证据在诉讼中发挥的实际作用；司法人员对待视频监控证据的态度，对在调研中发现的重点问题进行原因分析。通过实证研究，厘清研究的重点和难点，对视频监控证据在我国刑事诉讼中的证据能力、证明力规则方面的欠缺及研究要点进行了解和掌握。本次调研实证考察的对象选取的是 S 省的两个县城 A 县和 B 县，这两个县在全国还是比较具有代表性的，虽然两个县都地处西部，但由于 A 县经济相对落后，而 B 县经济较为发达，反映在视频监控系统发展方面，B 县也明显比 A 县发达。所以在视频监控系统的建设和使用方面，这两个县一个能够代表在全国范围内的中下水平，另一个能够代表中上水平，具有一定的典型性。

在调研中采取的方法主要是案卷分析法和个别访谈法。针对两县的不同情况，在 A 县的调研主要是针对一定期间内涉及视频监控证据的个案进行的统计和具体考察，以此对视频监控证据在诉讼中的使用情况以及反映的问题进行调研，在调研中针对视频监控证据的使用情况进行了数据统计。而在 B 县的调研主要是进行司法人员的个别访谈，访谈的内容主要是司法人员在个案中对待视频监控证据的处理方式和对视频监控证据的态度，以及认为视频监控在诉讼中的运用存在的问题等，在访谈中也会涉及个案，但并未进行个案的详细数据统计。

2. 比较研究方法

在视频监控证据的证据能力规范方面，采取比较研究方法，对两大法系具有代表性的国家规范视频监控证据的做法进行介绍，并从中总结出对我国的启示，尤其是在视频监控证据的证据能力规范方面进行一定的比较研究，即视频监控证据的证据能力规则对公民隐私权的保护，证据能力要件包含真实性、可靠性的保障条件，为我国视频监控证据的证据能力要件厘定提供借鉴。

3. 法律解释方法

在研究过程中，法律解释方法是不可或缺的一种研究方法。通过法律解释方法，对我国立法及司法解释中涉及视频监控证据的证据能力、证明力、证据调查方法等方面的内容进行解读，并指出其中存在的不足，进行进一步探讨。尤其在视频监控证据的非法证据排除方面，本书对我国现有的证据规则进行法律解释上的解读，对如何排除非法的视频监控证据提出了若干意见。

4. 案例分析方法

在进行视频监控证据的证据能力、证明力、具体运用方面的论证过程中，会使用一定的案例进行辅助分析，达到形象、生动的效果。案例的来源包括现实案例与虚拟案例，主要是为了说明或辅助论证某一问题。尤其是对于视频监控证据的证明力方面的若干案例分析，可以消除司法人员在实务中存在的若干误解，在刑事诉讼中充分利用视频监控证据的证明作用，有效发挥其证明力。

第二章　视频监控证据的生成及其定位

第一节　视频监控系统的结构及发展历程

一　视频监控系统的结构

人们通常称视频监控系统为"摄像头"，很多人认为视频监控也就仅是一个摄像头，实际上，摄像头仅是视频监控系统的前端设备，而整个视频监控系统要复杂得多。根据公安部科技局、全国安防标委会制定的《安全防范工程技术规范》（GB 50348—2004）中的界定，所谓视频监控系统，是指利用视频技术探测、监视设防区域并实时显示、记录现场图像的电子系统或网络。[①] 按照这一定义，视频监控系统的设计要求包括："系统应能根据建筑物的使用功能及安全防范管理的要求，对必须进行视频安防监控的场所、部位、通道等进行实时、有效的视频探测、视频监控、图像显示、记录和回放，宜具有视频入侵报警功能。与入侵报警系统联动设计的视频安防监控系统，应有图像复核和声音复核功能。"[②] 另外，视频监控系统的设计要符合公安部发布的《视频安防监控系统技术要求》（GA／T 367—2001）的相关规定。

视频监控系统是基于传统的广播电视技术及计算机网络的发展而不

[①] 参见公安部科技局、全国安防标委会《安全防范工程技术规范》（GB 50348—2004）第 2.0.5 条。

[②] 参见公安部科技局、全国安防标委会《安全防范工程技术规范》（GB 50348—2004）第 3.3.3 条第 2 款。

断成熟的一项新技术，目前大多数的视频监控系统，是综合利用视频探测、图像处理、控制、显示、记录、多媒体、有线无线通信、网络、系统集成等技术，配置合适而可靠的硬件设备构建成的一种多功能系统。[①] 视频监控系统的基本功能是提供对被监控场所及物体的实时监视，并对被监视的画面进行录像以便事后播放。目前广泛应用的较为高级的视频监控系统都具备远程控制等功能，甚至具备自动检测、识别等高级功能，可以从众多对象中识别出特定的人脸、静止物、移动物等，并且发出警报信号，为处置紧急情况、调动警力进行应急处理等提供自动信息，而不再限于单纯的监视和录像功能。

虽然视频监控系统复杂程度各不相同，但一般来说，视频监控系统都是由四个最基本的部分构成，即前端设备、传输设备、显示/记录设备、控制设备。[②] 前端设备包括摄像机、镜头、防护罩、云台和解码器等，前端设备是整个系统的"眼睛"，作用是将监控目标的光信号变为电子信号。通过前端设备的控制，可以使视频监控系统自由转动，扩大监控范围，获取更多视频资料。传输设备是系统的信号通路，传输的信号包括图像信号、控制中心通过控制台对摄像机等前端设备进行控制的信号等。传输设备主要的传输对象是图像信号，对传输设备的要求是在传输过程中不产生明显的噪声以及色度信号和亮度信号的失真，保证原始图像信号的清晰度和灰度等级没有明显下降等。显示/记录设备主要作用是显示视频监控的图像或声音，并将图像、声音保存在特定的电脑、硬盘录像机中，以备作为证据使用时提取。控制设备主要包括主机、主控制台、矩阵切换器及键盘等设备，用于实现视频切换和通信控制带云台的摄像机动作等功能。视频监控系统的构成图如图 2-1 所示。

视频监控系统作为一种具有重要地位的安全防范系统，其具有如下特点。

第一，视频监控系统是一种主动的监控手段，通过视频监控系统可以直接对目标物进行监视，并通过其他高级功能扩展、比对监视结果，

---

① 汪光华：《视频监控系统应用》，中国政法大学出版社，2009，第 6 页。
② 罗世伟、左涛、邹开耀：《视频监控系统原理及维护》，电子工业出版社，2012，第 2 页。

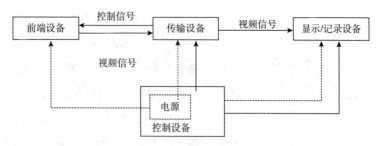
图 2-1 视频监控系统结构

实现即时的、全方位的准确监控。

第二，视频监控系统记录信息的完整性和真实性。对图像、声音资料的收集和存储是视频监控系统的基本功能。通过视频监控系统可以准确记录和读取储存的信息，为将来诉讼中作为证据使用提供便利。

第三，视频监控系统在技术上具有较大的开放性和发展空间。随着计算机技术、网络技术、软件技术的发展，视频监控系统可以不断实现功能进化，如网络视频监控系统的出现、视频监控中人脸识别及物体识别功能的实现、自动报警功能的实现等，都是视频监控系统开放性的体现。

第四，视频监控技术是一种对日常生活影响最小的安全防范技术，不会对日常的生产、生活秩序造成干扰，所以虽然安装系统的成本可能比较高，但在所有的安全防范技术中，其社会代价是最小的。[1]

二 视频监控系统的发展历程

按视频监控技术发展的历程，视频监控系统可分为模拟视频监控系统、模拟数字混合视频监控系统、数字化网络视频监控系统。[2]

模拟视频监控系统是第一代视频监控系统，也就是前文所称的闭路电视监控系统，这种监控系统采用同轴电缆以模拟方式传输视频信号，只能用于小范围视频监控，不能应用于有远距离传输需求的视频监控，与信息系统无法交换数据，监控仅限于监控中心，其图像存储一般是使

---

① 汪光华：《视频监控系统应用》，中国政法大学出版社，2009，第 8 页。
② 叶斌：《视频监控技术的发展与现状》，《中国传媒科技》2012 年第 12 期。

用与家用录像机不同的"时滞录像机"(Time Lapse Video Cassette Record-er)。① 模拟视频监控系统具有一些优点，如其视频、音频信号的采集和传输均采用模拟方式，因此质量较高；这种监控系统已经发展成熟，系统功能也比较强大、完善。但也有一些缺点，即受系统的限制，不能远程控制和查看监控，存储能力有限，保存监控资料的成本太高，工作量巨大。近年来随着数字技术和网络技术的迅速发展，这种纯模拟的视频监控系统已经被淘汰。

模拟数字混合视频监控系统是近年来迅速发展的第二代视频监控系统，目前各地公安机关建设的天网系统以及多数其他机关、企业等安装的监控系统，都是模拟数字混合视频监控系统。② 这种系统是在模拟监控系统的基础上，在控制和存储方面采用计算机与操作系统作为平台，安装相应的视频压缩卡或硬盘录像机（DVR）软件进行操作和控制。这种系统可以安装多个前端设备，支持实时的视频和音频。前端设备采集的视频、音频信号还是以模拟方式传输，但在通过光缆或同轴电缆传输到监控中心的硬盘录像机或计算机上之后，就采用数字视频压缩处理技术，完成对图像的多画面显示、压缩、数字录像和网络传输等功能。模拟数字视频监控系统具有一些模拟系统无法比拟的优点，即视频、音频信号的采集、存储主要为数字形式，质量较高；系统功能较为强大、完善；与信息系统可以交换数据；应用的灵活性较好。但同时仍然存在一些缺点，如实现远距离视频传输需铺设或租用光缆，在光缆两端安装视频光端机设备，系统建设成本高，不易维护，且维护费用较大。

数字化网络视频监控系统是基于网络技术的发展而产生的第三代视频监控系统，如前文所述，目前日本就已经在道路上安装了大量网络视频监控设备，拥有用户名和密码的用户可以在联网计算机上随时观看任何点位的视频监控录像。这种全新的视频监控系统代表了监控系统发展的趋势。在结构上，这种系统与前两种系统的主要不同之处在于其前端

---

① 在一些较早的影视剧作品中，经常可以看到这样的镜头：警方在案发后，到监控室去调取监控现场的录像带，这种录像带就是时滞录像机在监控中的记录载体。
② 根据笔者的了解，重庆、成都等地的天网系统建设中，虽然其规模较大，但尚未普遍采用网络视频监控系统，而是以模拟数字混合视频监控系统为主。

设备就将视频音频信号进行数字化处理，然后由高效压缩芯片进行压缩，将数据以 IP 包的形式传输到网络服务器上，网络用户可以通过专用软件或直接通过浏览器观看 Web 服务器上的摄像机图像，授权用户还可以控制摄像机、云台、镜头的动作，对系统进行设置。另外，目前还发展出拥有门禁/报警、消防自动喷淋等功能的网络视频监控设备，使视频监控的自动化和智能化程度大大提高。但目前总体上来看，数字化网络视频监控系统还处于发展阶段，在实际应用上还非主流。①

第二节　视频监控证据的生成

一　视频监控证据的特点及内容

所谓视频监控证据，实际上就是固定在一定载体上、通过视频监控系统的运行而产生的包括监控图像、声音及相关附随信息等证据信息在内的一种证据形式。由这一概念可以看出，视频监控证据有以下两个基本特点。

第一，视频监控证据的产生是基于视频监控系统的应用，因此对于监控系统有较强的依赖性。如果视频监控系统在运行中出现故障，或者视频监控系统产生的证据达不到相应的标准，就会影响视频监控证据在诉讼中的使用。所以，视频监控系统的架构及其运行对于视频监控证据的证据能力和证明力，有着关键性的影响作用。

第二，视频监控证据本身并不像其他普通物证那样，自身就是证据信息的载体，视频监控证据是肉眼不可视的电子信息的集合，因此，要作为证据使用，就必须以客观形式表现出来，使人能够感知，否则就不能成为证据。② 视频监控所获得的电子信息必须要固定在相应的载体上，并且能够重复播放、显示电子信息，才能在诉讼中作为证据使用，若无

---

① 参见汪光华《视频监控系统应用》，中国政法大学出版社，2009，第 99～100 页。
② 何家弘主编《新编证据法学》，法律出版社，2006，第 79 页。

法固定在载体上，就无从生成视频监控证据。

另外，从视频监控证据的概念还可以看出，视频监控证据包括如下几部分证据信息。

第一，图像信息。获取图像信息是视频监控系统的首要功能。无论是模拟视频监控系统，还是数字视频监控系统，都有将监控对象的光学信号转化为电子信号，或进一步将电子信号进行数字化的功能，并且各种视频监控系统都有将电子信号或数字信号存储在一定设备中的功能。图像信息是视频监控证据的主要内容，在诉讼中图像信息通常可以作为直接证据，在特定情况下也可以作为间接证据。

第二，声音信息。少数视频监控系统基于特殊的需求，要求将声音信息也一并进行收集和存储，如银行和公路收费站等地方的视频监控系统。这就要求必须在视频监控系统中增加声音信号的采集子系统，并具备声音播放和存储功能。声音信息在诉讼中也可以作为直接证据或间接证据使用。

第三，附随信息。附随信息是可以证明图像、声音信息的产生、变更、消失的数据。[1] 这里主要是指由视频监控系统自动生成的信息，多数视频监控系统都可以在监控和记录视频、音频信息时自动生成监控时间、文件存储信息、修改信息等附随信息，这些附随信息是判断视频监控证据客观性的重要依据，因此其重要性不亚于图像和声音信息。附随信息在表现形式上通常都无法与图像和声音信息截然分离，而是以隐藏的方式与图像和声音信息一起被固定下来。一般来说，附随信息在诉讼中都是作为辅助证据使用，用来判断视频监控证据的客观性、合法性。

如果要对视频监控证据设置科学、合理的证据规则，首先要明确视频监控证据的生成过程，只有明确了其生成过程，才能明确其证明机理，也才能有针对性地对每个证据生成环节设置证据规则，因此，有必要从视频监控系统的运作过程了解视频监控证据的生成过程。

---

[1] 蒋平、杨莉莉：《电子证据》，清华大学出版社、中国人民公安大学出版社，2007，第193页。

二 视频监控证据的生成过程

所谓证据的生成，即"案件事实留下的证据信息被固定、承载到一定的载体上，从而获得证据的过程"。① 因此，证据实际上是证据信息的载体，而以证据证明待证事实的过程，实际上是解读证据中所包含的证据信息的过程。

案件事实的发生过程中，各种证据信息以不同的方式固定于各种证据载体中，如当事人的肢体动作及物体的运动以各种痕迹、分布状态、遗留物品的形式固定下来，从而生成物证；当事人的行为、思想还可以形成书面文件，生成书证；而案件发生的过程还直接作用于人的大脑记忆，从而生成证人证言、被告人供述、被害人陈述等人证。从证据生成的时间来看，又可分为案件事实发生时同步生成证据，以及案件事实发生后滞后生成证据。前者如当事人用刀砍人时留下的砍痕、现场滴落的血迹、遗留的砍刀等，都是伴随着砍人这一行为的发生而同步生成的证据；后者如犯罪嫌疑人通过网络聊天进行诈骗，在犯罪嫌疑人实施诈骗时，虽然证据信息（聊天内容）已经产生，但此时这些证据信息是以数字化形式存在于互联网中，还未依附于任何载体，因此，此时的这些数据信息还不能称之为诉讼法意义上的"证据"，只有将这些信息以计算机技术提取到一定的载体，如光盘、优盘、其他便携存储设备上之后，将数字化的证据信息固定在这些载体上，从而形成可以在诉讼中使用的网络证据。

我国的证据法理论中，通常并不重视对证据生成问题的研究，在一些专门的证据法教材和专著中，都难以看到关于证据生成问题的论述。② 但证据的生成问题对于证据法理论的完善来说，却是不可或缺的部分。

---

① 参见熊志海、王静《证据之生成问题研究》，《中国刑事法杂志》2011 年第 4 期。

② 陈卫东、谢佑平主编的《证据法学》以及何家弘主编的《新编证据法学》中，都将教材体例分为"证据论"和"证明论"两大块，但在"证据论"部分，都未介绍证据的生成问题。参见陈卫东、谢佑平主编《证据法学》，复旦大学出版社，2005；何家弘主编《新编证据法学》，法律出版社，2006。

证据法学研究的主要目的在于通过对证据证明过程的研究，掌握证据的证明机理，为科学、合理地设置证据规则奠定基础。所谓证明机理，就是指"多方主体共同参与进行证据推理活动的内在规律和原理"。① 证明机理长期以来无论在西方还是在中国，都是一个受到冷遇的领域。但近年来，随着英美法系"新证据学"的兴起，对证明机理的研究开始受到重视，不同学科开始加入这一新兴领域的研究中。针对个别类型的证据来说，要研究针对该种证据的证据规则问题，就必须首先掌握其证明机理，不明确其证明机理，就无法了解证明的规律，证据规则就无法建立在科学的认知规律上。如对于辨认结论这一证据，若要设计辨认的证据规则，就必须从心理学角度研究如何排列辨认对象、如何设计辨认程序才能最大限度地减少辨认错误，只有掌握了辨认的心理学基础，明确了其证明机理，才能设计辨认的证据规则。② 因此，研究证据法问题，首先要研究证据的证明机理问题，也就是明确该证据证明待证事实的过程和原理。在证明机理中，证据的生成问题是重要部分，因为只有了解证据是如何生成的，才能进一步了解如何从这种证据中回溯性地读取证据信息。尤其是对于新类型的证据来说，要了解该种类型证据的证明机理，就必须了解这种证据是如何生成的，否则就无法掌握运用该证据的方法，更无法合理设置针对该类型证据的取证、举证及质证规则。因为只有掌握了证据的生成过程，才能针对生成过程中可能会受到污染、篡改的环节以及可能产生错误信息的环节设置或适用相应的证据规则，以保障证据的客观真实性不受影响。在对证据的审查判断中，也重点对证据生成过程中可能会受到污染、篡改、伪造的环节进行审查，以确定其证据能力和证明力。

作为一种科技证据，视频监控证据的生成过程比一般的物证、书证的生成要复杂一些。但其基本的原理却是相通的，都有一个证据信息收集—证据信息传输—证据信息存储—证据信息提取的过程。③ 举个简单的

① 参见封利强《司法证明机理：一个亟待开拓的研究领域》，《法学研究》2012年第2期。
② 参见秦策《我们研究什么样的证据法学——英美证据法学的转向与启示》，《中国刑事法杂志》2010年第4期。
③ 这里所谓的"证据信息收集"并不是我们通常所说的"收集证据"，而是案件事实的证据信息汇总并固定于证据载体的一个步骤。

例子，杀人案件中使用并被遗留在现场的刀是物证，当犯罪嫌疑人使用该刀实施杀人行为的那一瞬间，证据信息就产生了。该刀汇集的证据信息包括指纹、刀上的血痕、与被害人伤口的吻合度、刀在现场的位置等，这些证据信息以刀本身为载体，统一传输并存储在刀上，从而形成以刀为载体、以上述证据信息为内容的一件物证。

那么，我们所说的伪证又是如何产生的呢？实际上，所谓的伪证，就是在证据的生成环节中，人为地对证据信息的收集或传输、储存造成阻滞、篡改，产生虚假的证据信息，或者歪曲了证据信息。例如在上述杀人案件中使用的刀上，犯罪嫌疑人将自己的指纹抹去，并用某种方法将他人的指纹粘贴在刀上，就是一种伪造证据信息的方法，使作为证据载体的刀上反映出并非真实的证据信息，而成为经过人为篡改的信息。因此，最终通过指纹鉴定所读取出的证据信息就可能是错误的，这种错误若未被发现的话，就会导致错案的发生。

虽然视频监控证据是科技证据，但从基本的证据生成原理上看，视频监控证据的生成过程与证人证言的生成过程有很多相似之处，因此，不妨以证人证言的生成过程作为对照和类比，了解视频监控证据的生成过程。

第一步是证据信息的收集。首先，从认知心理学上看，证人感知案件事实的过程，是一个获取信息的过程，获取信息要通过人的注意、感觉和知觉几种能力来实现。在案件发生时，证人往往只会注意少量的重要信息，而对其他信息无法注意或只能予以很少的注意。其次，人类要具备相应的感觉能力，才能通过视觉、听觉、味觉等能力把握外界信息，这些感觉能力的好坏，决定了人们感知案件事实的准确程度及信息量大小。而知觉能力则是对感知到的信息进行的深层加工，是理解案件信息的关键步骤。并不是所有感知到的案件信息都会被加工并变为知觉，在此过程中还要经过选择，有一些感觉到的信息可能会被筛选掉，甚至会视而不见、听而不闻。由证人证言的证据信息产生过程可以看出，人们一般来说都不能感知到案件的所有信息，而只能感知到针对证人本人来说最为重要的、具有选择优先性的信息。①

———————

① 参见王佳《刑事辨认的原理与规制》，北京大学出版社，2011，第87~89页。

视频监控系统的前端设备包括摄像机、云台、解码器、防护罩等设备，其作用就相当于证人的眼睛、耳朵等感知器官。摄像机的功能就在于通过 CCD 传感元件等部件将监控对象的光信号转化为电子信号，或者进一步转化为数字信号，[①] 为信号的传输做准备，带有音频拾取功能的摄像机，还可以收集音频信号。其作用相当于人的眼睛看到物体，并将信息返回到视觉神经，或者耳朵听到声音，并将信息收集到听觉神经。云台的作用在于通过上下左右的移动，扩大感知光信号的范围，云台的运动过程就相当于人的头部带动眼睛四处转动，扩大感觉范围。解码器则是起到控制云台、发布指令信息作用的部件，主要用于控制云台和摄像机，其作用相当于人的脑神经，进行选择性的注意和感觉。当视频监控系统的前端设备监控到案件发生过程时，就将整个案件发生过程所产生的信息以光信号的形式收集起来，并将其转化为电子信号或数字信号，完成了证据生成的第一步——收集证据信息。在这个过程中，如果摄像机、云台等部件出现问题，如光学元件损坏、声音录制元件损坏、云台无法精确控制等，就相当于证人的视觉、听觉等感官出现问题，会影响对案件事实的感知准确度和收集的证据信息量的大小。

第二步是证据信息的传输。证人在感知证据信息后，就会直接传输到大脑，为记忆的形成提供素材。因此，各种感官传输系统正常运作，对于证人证言的形成是必不可少的。患有感官疾病或神经系统疾病的人，就无法正常地传输感官信号，因此也无法形成记忆。这就是为何这类证人的证言不具备证据能力的原因，其证言缺乏准确作证所要求的证据信息传输的基础。

视频监控系统的信号传输也与证人对感觉信号的传输相似，无论是采用同轴电缆传输，还是采用光纤、无线等方式进行传输，其功能都在于将前端设备收集的信号传输到控制和存储设备中，为视频监控证据的生成提供材料。在传输过程中，也与证人将感官信号传输至大脑中可能

---

① 目前的网络摄像机带有 A/D 转换功能，可以直接将图像和声音的模拟信号转换为数字信号。参见罗世伟、左涛、邹开耀《视频监控系统原理及维护》，电子工业出版社，2012，第 177 页。

会出现问题一样，如果传输系统出现问题，视频监控证据的质量也会受到影响，如在远距离传输中，除了信号会衰减外，还会产生幅频和相频两方面的失真。即便在短距离传输中，如果受到无线电、电磁等干扰，也会造成图像失真。

第三步是证据信息的存储。证人在将感官信号传输到大脑之后，就会形成记忆。记忆是个非常复杂的过程，心理学家们构建了一些记忆理论和模型，其中最具有影响力的是美国的阿特金森和谢夫林提出的感觉存储、短时存储和长时存储三种记忆模型。[1] 感觉记忆是基本阶段，也是外界的信息首先进入人脑的阶段。几乎所有的感官信号都首先以感觉记忆的形式存储在人脑中，但问题是，在极短的时间内（几秒钟），大多数不被重视的感官信号被清除了，只留下较为重要的感官信号。如证人在目睹案发情况后，他看到的、听到的、闻到的信息都进入他的感觉记忆中，但是，几秒钟之后，他就只能记住最为重要的内容（如谁在干什么、用的什么工具、发出什么声音、某人说了什么等），而其他一些不重要的信息，在他的记忆中迅速消失了。短时记忆则是处于长时记忆与感觉记忆之间的一种记忆，其存储量也极其有限。实验表明，短时记忆中的信息在大脑中保存的时间为一分钟左右，然后就被遗忘了，并且短时记忆的容量也很有限。对于证人证言来说，只有长时记忆才是最有价值的部分。长时记忆在人脑中保存的时间为一分钟以上直至终生，其容量也比短时记忆的容量大得多。

视频监控证据中的证据信息存储也与证人的记忆过程相似，但不同之处在于，由于采取硬盘录像机、电脑硬盘等方式进行数据存储，视频监控证据的存储不受人的记忆时间、空间的限制，而是受制于存储载体的物理空间大小、质量好坏的限制。因此，在存储图像、声音信息的过程中，若因空间有限或质量问题而影响了视频监控证据的完整性、可靠性，就会影响证据的证明力，甚至导致其失去证据能力。

第四步是证据信息的提取。对于证人证言来说，所谓证据信息的提取，就是证人通过提取其记忆内容，并将所感知的证据信息表述出来的

---

[1] 参见王佳《刑事辨认的原理与规制》，北京大学出版社，2011，第90页。

过程。这个过程受到证人表达能力的影响，不具有准确表达能力的人，即便其记忆内容是准确的，其表达会对其他人造成误导，这就是为何不具有正确表达能力的人的证言证明力较低，或者不具有证据能力的原因。并且通常证人所表述出的"事实真相"往往是经过其思维加工的内容，并非真正的事实真相，因此对于证人所表述的内容，即便是连贯、一致的，也要仔细审查。

对于视频监控证据来说，证据信息的提取就是通过技术手段，将存储在监控系统中的信息固定在证据载体上，并实现可以重复播放的目的。相对于证人证言来说，这一过程不受人的表达能力影响，但受制于证据信息的固定技术和程序影响。如对于视频监控图像的复制，若采取日常生活中的简单复制，可能就会导致附随信息丢失、遗漏，日后对该图像的客观性发生争议时，就缺乏附随信息的辅助证明，因此，只有采取镜像复制方法，才能完整地将视频的所有信息一并复制到证据载体上。由于在诉讼中不可能将视频监控系统及其存储设备作为证据进行收集、提交，所以只能采取复制方式将证据固定下来再提交、使用。所以，从证据生成意义上来看，实际上在视频监控系统的数据存储阶段，证据就已经生成了，但由于其特殊性，还要经过证据信息的提取和复制，才能最终以证据载体的形式出现。这也表明，对于视频监控证据来说，其最终表现形式都是复制件，而不是原件。

由视频监控证据的生成过程可见，其生成过程并非像我们想象得那么简单，不仅仅是一个录制画面的过程，而是一个复杂的技术过程。然而，这一过程虽然在技术上较为复杂，但其生成原理却与证人证言的生成过程非常相似。在生成的环节中，某一部分的变化会导致证据的真实性受到影响，如对于镜头来说，焦距、光圈、聚焦都会影响视频监控图像的质量，甚至会导致颜色、图形严重失真，而如前文所述，传输过程中的干扰也会导致图像失真。因此，明确了视频监控证据的生成过程，就可以针对其生成环节中可能会发生篡改、失真的部分设置相应的证据规则，并在对视频监控证据的证据能力、证明力审查中对这些环节进行重点审查，以保障视频监控证据的客观真实性。

第三节 视频监控证据的定位

一 证据的分类

在探讨视频监控证据的定位问题之前，首先要探讨一下研究证据的定位的学理意义。此处所谓的证据的定位，就是某个证据应当归属于何种证据的问题，与此密切相关的问题就是证据的分类问题，因为只有在已经对证据按某种标准进行了分类的基础上，才能将某个证据归属于某类证据。近年来，关于证据的分类问题研究得较多，但依然存在较多的争议，从某种角度来看，这些争议的存在很大程度上是因为有些学者并不明确证据分类的目的究竟是什么，有些研究是纯粹为了分类而分类。因此，首先应当明确的是证据分类的目的。

在英美法系国家和地区，最基本的证据分类是按照形式将证据分为人证、物证、书证三类。如在英国，虽然有学者从理论上将证据分为直接证据与间接证据、原始证据与传闻证据、第一位证据与第二位证据、推定证据与终局证据等，但最后还是强调，以上证据都必须要能够纳入口头证据、文书证据、实物证据三种证据形式。[①] 在美国，学者也通常将证据分为这几种形式，如《麦考密克论证据》一书中，从篇章体例上看，作者将证据分为人证、展示性证据、文书几种，其中展示性证据实际上就是实物证据。[②] 而华尔兹教授在《刑事证据大全》中，则将证据的三种基本形式分为言词证据、实物证据与司法认知。从其对实物证据范围的界定来看，这里的实物证据实际上包含物证和书证两类，而司法认知实际上并非证据，而是一种证明制度。[③] 之所以将形形色色的证据分为这三

---

① 参见沈达明《英美证据法》，中信出版社，1996，第 27~28 页。
② 参见〔美〕约翰·W. 斯特龙《麦考密克论证据》，汤维建译，中国政法大学出版社，2004。
③ 参见〔美〕乔恩·R. 华尔兹《刑事证据大全》，何家弘等译，中国人民公安大学出版社，2004，第 16~17 页。

类，是因为各自适用的证据规则不同。人证主要适用自白任意性规则、证人作证特免权规则、传闻证据规则、意见证据规则等，而书证和物证则适用原件优先规则、非法证据排除规则、鉴真规则等。① 其次，每种证据在法庭上的调查形式也不相同。在英美法系，受传闻证据规则的限制，除了法定例外之外，人证必须出庭接受交叉询问，物证必须作为展示物进行出示，书证必须进行宣读。

在大陆法系国家和地区，进行证据形式的分类主要是为了针对不同形式的证据适用不同的证据调查方法。大陆法系并没有像英美法系那样繁杂的证据规则体系，对于证据的证据能力和证明力，大多是赋予法官自由裁量的权力，因此，对不同形式的证据，并无适用证据规则上的不同。但在证据调查方式方面，则根据证据形式的不同而有很大不同。如德国将证据分为被告、证人、鉴定人、勘验、文书证件五种法定证据。其中，被告作为证据来源，在证据调查中必须在审判中到场并接受讯问；证人则应到场并在宣誓后陈述证言；鉴定人与证人一样，在审判中也应到场并在宣誓后陈述其鉴定结论；实物证据的调查程序则是勘验；而文书证件是指包含思想内容的文件，因此，在审判中要以朗读的方式进行证据调查。②

日本的证据分类与德国相似，也是按证据形式将证据分为证人、鉴定人和翻译人等、书证、物证、被告人。其中，证人要出庭接受交叉询问；鉴定人口头作出鉴定结果的，要询问鉴定人。如果书面作出鉴定结果的，则要询问其鉴定笔录是否真实；书证要以朗读的方式进行调查；物证则以展示（出示）的方式进行调查；被告人在法庭上要接受讯问，并且可以保持沉默或放弃沉默。③ 我国台湾地区的分类方法也与德国极其相似，将证据分为人证、文书、鉴定、勘验和被告五种证据方法，所谓证据方法，即探求证据资料内容的调查手段。④ 从"证据方法"这一概

---

① 龙宗智：《进步及其局限——由证据制度调整的观察》，《政法论坛》2012 年第 5 期。

② 〔德〕克劳思·罗科信：《刑事诉讼法》，吴丽琪译，法律出版社，2003，第 226 ~ 271 页。

③ 〔日〕田口守一：《刑事诉讼法》，刘迪等译，法律出版社，2000，第 230 ~ 236 页。

④ 林钰雄：《刑事诉讼法》（上），中国人民大学出版社，2005，第 349 页。

念也可看出，我国台湾地区的证据分类是着眼于证据的调查方法而进行的。人证、鉴定之证据方法，均要经过具结以担保其真实性，并要适用诘问程序；文书则要宣读或告以要旨；各类证据物则要经过勘验之证据方法；被告人作为法定的证据方法，在审判中则要接受讯问，但不得令其具结。[①]

我国的法定证据分类方法则是根据证据的表现形式进行的，1996 年《刑事诉讼法》将证据分为七类，即物证和书证，证人证言，被害人陈述、犯罪嫌疑人与被告人的供述和辩解，鉴定结论，勘验、检查笔录，视听资料。2012 年修订的《刑事诉讼法》对证据分类进行了一定的调整，但分类方法依然没有变，仅仅是增加了辨认、侦查实验等笔录和电子数据这几种证据形式。根据龙宗智教授的总结，我国的这种法定证据分类方式具有"较强的形式主义倾向、构筑了封闭式的分类体系、倾向于具体细致的分类方式、类别设置具有一定的独特性等几个特征"。[②] 但问题在于，这种分类方式不是基于证据规则的适用，也不是基于证据调查程序的不同设置，因此，总体上看这种分类方式虽然对于实务中把握不同证据的形式并进行证据审查判断的操作有一定的意义，但与证据规则缺乏逻辑联系，在证据法上的意义不大。并且，这种分类方式也有一些理由不充分之处，如笔录类证据与书证，其证明机理、证据调查方式以及应适用的证据规则理应是相同的，却是两类独立的证据。另外，这种分类方式不可避免地会出现证据种类之间的重叠现象，更削弱了这种分类方式的理论意义和实践价值。

但正如龙宗智教授所言，这种分类方式虽然显示出与证据规则无逻辑关系、存在种类重叠、分类的理由不充分等弊端，但从另一个方面来看，这种分类方式依然有其积极意义，即"帮助司法人员从证据形式方面把握不同证据的审查判断，从而建立更有利于发现案件真实的思维方式"。[③] 这一点从 2010 年"两院三部"发布的《关于办理死刑案件审查判断证据若干问题的规定》中的若干规定以及 2012 年最高人民法院发布

---

① 参见林钰雄《刑事诉讼法》（上），中国人民大学出版社，2005，第 379～412 页。
② 龙宗智：《证据分类制度及其改革》，《法学研究》2005 年第 5 期。
③ 龙宗智：《进步及其局限——由证据制度调整的观察》，《政法论坛》2012 年第 5 期。

的《解释》中的相关条款中就可以看出来。① 因此，对于目前我国的这种
法定证据分类方式，不宜简单地主张废除，可以采取两种分类方式兼容
的方法进行处理，即一方面，将某种证据按照证据规则的适用、证据调
查程序的区别而进行人证、物证、书证的划分。另一方面，按照目前的
法定证据分类方式进行归属。这样的处理方式一方面可以在大类上明确
其证据定位，在我国已经日益完善的证据规则及证据调查程序的背景下，
可以使证据分类与证据规则适用、证据调查程序有机结合起来，使证据
分类具有证据法上的价值；另一方面又有利于司法人员在实务中的操作，
是一种较为合理的处理方式。

二　视频监控证据的所属类别

（一）视频监控证据属于视听资料与电子数据

如前文所述，视频监控证据中的证据信息包括图像信息、声音信息、
附随信息，其中在案件中可以证明案件事实的是图像信息和声音信息，
而附随信息一般是用作辅助证据，证明视频监控证据的生成时间、是否
被修改等，因此，视频监控证据的主要证据内容是图像和信息，是以其
记载的图像、声音信息对案件事实起到证明作用。按照我国的法定证据
分类方式，视频监控证据首先属于一种视听资料。在司法实践中对视频
监控证据的审查判断要按照视听资料的审查判断要点进行，如是否附有
提取过程的说明，来源是否合法；是否为原件，有无复制及复制份数；
制作过程中是否存在威胁、引诱当事人等违反法律、有关规定的情形；
是否写明制作人、持有人的身份，制作的时间、地点、条件和方法、内
容和制作过程是否真实；有无剪辑、增加、删改等情形。

---

① 《关于办理死刑案件审查判断证据若干问题的规定》针对不同证据的审查判断，分别进
　行了列举式的规定，并规定何种情形不得作为证据使用，何种情形可以经过补正或合理
　解释后作为证据使用，何种情形下证据的证明力较小。如该规定第6条、第8条、第9
　条就对物证、书证的审查判断要点，物证、书证不具备证据能力的情形，可以进行瑕疵
　证据补正与合理解释的情形给出了详细的规定，在目前的司法环境下，这无疑有利于法
　官在具体案件中进行证据审查判断。《解释》基本上承袭了《关于办理死刑案件审查判
　断证据若干问题的规定》中的这部分内容。

但目前传统的模拟式视频监控系统已经被淘汰，实践中使用的均是模拟数字混合监控系统或者纯数字化的网络监控系统，视频监控所得的图像、声音均转化为电子数据进行存储和播放。我国 2012 年修订的《刑事诉讼法》已经明确将"电子数据"列为证据形式之一，根据全国人大常委会法制工作委员会的解释，所谓电子数据，是指"与案件事实有关的电子邮件、网上聊天记录、电子签名、访问记录等电子形式的证据"。[①]需要指出的是，这里虽然称电子数据为"电子形式的证据"，但不表示电子数据就是电子证据，因为电子证据是一个广义的概念，是指"借助电子技术或电子设备而形成的一切证据"，而电子数据仅是电子证据中的一种，是数字化技术出现后才随之出现的一种新型电子技术，而电子证据则包括与现代通信技术有关的电子证据，与计算机技术或网络技术相关的电子证据，与广播、摄影等其他现代信息技术相关的电子证据等，因此，外延远远大于电子数据。[②]视听资料就属于广义上的电子证据，在我国立法增加"电子数据"这一证据形式后，就产生了视听资料与电子数据重合的问题，这也是随着科技的发展而不可避免地产生的证据形式的重叠问题。在数字化视频、音频出现之前，图像、声音均以模拟信号存在，因此视听资料虽然属于广义"电子证据"的一种，[③]但与"电子数据"之间并无重合或关联。但随着电子计算机技术的发展，传统的视听资料数字化进程飞速发展，数码相机、数码摄像机、数字化存储设备等产品的出现使传统的视听资料形式被迅速淘汰，形成数码音像一统天下的局面。在证据法上，这也给视听资料的审查判断带来一定的挑战，因为数字化视听资料与传统视听资料的形成方式、存储方式、修改方式等均不相同，在真实性、完整性、可靠性的审查上难度更大。因此，对于数字化的视频监控证据，在分类上不可忽视其数字化特点，应将其归类于电子数据。但同时，又不可仅将其归类于电子数据而忽视了其视听资料的"本色"，虽然存在方式发生变化，但在证明机理上，数字化的视频

---

① 参见全国人大常委会法制工作委员会刑法室编《关于修改中华人民共和国刑事诉讼法的决定：条文说明、立法理由及相关规定》，北京大学出版社，2012，第 42 页。
② 刘品新：《美国电子证据规则》，中国检察出版社，2004，第 6~8 页。
③ 何家弘、刘品新：《电子证据法研究》，法律出版社，2002，第 5~9 页。

监控证据依然是以视听资料的证据形式发挥证明作用，所以它同时还属于视听资料范畴。在审查数字化视频监控证据时，不仅要按照视听资料的审查要点进行审查，还要按照电子数据的审查判断要点进行审查，如电子数据是否随原始存储介质移送，是否能够保证电子数据的完整性，有无提取、复制过程及原始存储介质存放地点的文字说明和签名；收集方法是否符合法律及有关技术规范；电子数据内容是否真实，有无删除、修改、增加等情形；与案件事实有关联的电子数据是否全面收集等。

将数字化视频监控证据同时定位于视听资料和电子数据，可能会引起质疑，即这种重叠是没有意义的语言游戏。但实际上并非如此，如前文所述，我国的法律及司法解释中针对证据的分类及审查判断要点作出了较为细致的规定，对某种证据在证据分类体系中的定位，并非是为了定位而定位，而是为了使司法人员明确该证据应当按照何种标准进行审查判断。每一类证据在实际运用中都有不同的特点，因此若出现证据种类重叠的现象，仅将证据按一种证据形式审查其证据能力或证明力，而忽视了其另一种证据属性，就属于审查判断证据环节的遗漏。如在审查数字化视频监控证据时，仅审查图像、声音部分是否有改动情形，却未审查对数字视频监控证据的提取是否符合电子数据的取证规范，就可能发生在提取过程中因不符合操作规范而遗漏了部分文件却未被发现的情况。这就可能会导致错误地判断证据的证据能力和证明力。实际上，证据种类之间的重叠在我国的这种形式化证据分类体系下并不罕见，如讯问犯罪嫌疑人、被告人的同步录音录像，应属于犯罪嫌疑人、被告人供述与辩解，但同时以录音录像的形式呈现出来，因此，在审查讯问录音录像时，应一方面按照犯罪嫌疑人、被告人供述与辩解的审查要点进行审查判断，另一方面也要按视听资料的审查要点进行审查判断，看录音录像是否有被剪辑、篡改、伪造的情形。再如证人以电子邮件方式发送的证言，本质上属于证人证言，但因以电子数据的形式出现，在审查判断这种证人证言时，除了要按照普通证人证言的审查要点审查其作证能力、取证程序外，还要按照电子数据的审查判断要点审查该电子邮件是否真实，有无删除、修改、增加等情形。

因此，基于模拟视频监控系统已经被淘汰，对其进行研究已经没有意义，所以对于视频监控证据的分类不再考虑模拟视频监控证据，而只考虑数字化视频监控证据。按照我国法定的证据分类体系，数字化视频监控证据则同时属于视听资料和电子数据。当然，按照这种定位模式，实践中可能会出现更为复杂的情形，如犯罪嫌疑人在作案后，面对着具有录音功能的视频监控摄像头描述了其作案过程，这时所形成的视频监控证据应属于犯罪嫌疑人供述，但同时也属于视听资料或电子数据，同样的情况也可能发生在被害人、证人身上，并分别形成视听资料/电子数据形式的被害人陈述、证人证言。在出现这些复杂情形时，也应分别按照各类证据的审查判断要点进行证据能力及证明力的审查。

（二）视频监控证据属于物证

在英美国家，录音、录像等音像资料在证据法中通常被作为书证。如美国《联邦证据规则》第十章中，第 1001 条即列举了书写品、录制品、影像的范围，其中书写品包括任何形式记下的字母、文字、数字或者其同等物；录制品包括以任何方式录制的字母、文字、数字或其同等物；影像则包括以任何形式存储的摄影图像或者其同等物。这一条中对书写品、录制品、影像的范围规定如此广泛，足以包括照片、录像、录音、电子数据等证据。但真正说明美国将录音录像作为书证的是《联邦证据规则》第 1002 条规定："为证明书写品、录制品或影像的内容，应当提供其原件，本证据规则或联邦制定法另有规定的除外。"[①] 这条规则就是所谓的最佳证据规则。最佳证据规则是英美法系一项较为古老的证据规则，是指当事人必须提供案件性质许可的最佳证据，从字面上看仿佛是要求所有类型的证据都提供最佳证据，但实际上这一证据规则只适用于书证，它是一项仅规定原始文字材料有优先权作为证据的简单原则。[②] 因此，从美国《联邦证据规则》中的相关规定可见，音像资料包括数字化的音像资料在美国是作为书证对待的。

---

① 王进喜：《美国〈联邦证据规则〉（2011 年重塑版）条解》，中国法制出版社，2012，第 331～336 页。
② 〔美〕乔恩·R. 华尔兹：《刑事证据大全》，何家弘等译，中国人民公安大学出版社，2004，第 420 页。

英国的情况与美国类似，依英国《2003 年刑事司法法》第 134 条规定，"文件"是指对关于任何说明的信息加以记录的载体。因此，这一广泛的定义与美国《联邦证据规则》的规定起到异曲同工的作用。在英国，除了记录设备仅用作计算工具，并不依赖任何人为因素而生成的打印输出物或可读物是实物证据外，① 在其他情况下，音像资料都被视为书面证据。在 R. 诉马苏德阿里案（*R. v. Maqsud Ali*）中，法官 Marshall 认为：

> 许多年后，现在照片可以采纳为证据了，只要证明它们与案件所涉问题具有相关性，并且照片是从原本的负片冲洗出来的。照片作为有关情况的代表，是通过机械和化学设备复制的，通过望远镜看到的本不能通过裸眼看到的情况已经被采纳，现在还有用于拾取、传输和录制对话的设备，我们在录音带和照片之间看不到原则性的区别。②

如前文所述，英美法系将证据分为人证、物证、书证的主要目的是为了适用不同的证据规则。在将音像资料作为书证的情况下，就要适用最佳证据规则。当然，近年来最佳证据规则已经有了很大的缩减，尤其是随着电子数据等资料的出现，适用最佳证据规则的前提——原件优于复制件在很大程度上已经不存在了，所以对于音像资料等证据来说，实际上受最佳证据规则的约束并非很大。因此，除了特定情形的视频监控证据外（如讯问录音录像，应当属于人证），视频监控证据（包括数字化视频监控证据）在英美法系应当属于书证。

而大陆法系国家则通常将音像资料归于物证。按照德国刑事诉讼立法及理论，文书证件是所有内含思想的文件，也即经由文字表达意思者，不论其以任何材料为之，均属之。文书是以其思想内容而对法官之心证造成影响，要以朗读的方式被带入审判程序中。而勘验证据泛指所有对

---

① 将这种证据作为实物证据的原因是如此一来就不必适用传闻证据规则，如在 *R v. Spiby* 案中上诉法院裁定打印输出物是实物证据，不受传闻规则约束。参见〔英〕克里斯托弗·艾伦《英国证据法实务指南》，王进喜译，中国法制出版社，2012，第 54 页。但笔者以为，这似乎没有必要，因为传闻证据规则只适用于人证，更准确地说，只适用于证人证言，因此无论将打印输出物视作书证，还是物证，都不受传闻规则的限制。

② 〔英〕克里斯托弗·艾伦：《英国证据法实务指南》，王进喜译，中国法制出版社，2012，第 55 页。

象，勘验之进行可经由每一种感官完成，如视觉、听觉、触觉、嗅觉。勘验可在诉讼程序的每一个阶段进行，审判外勘验笔录可以代替勘验之实施。因此，由书证与勘验的界定来看，似乎很难说音像资料到底属于哪一种证据。如对于录音带，就有学者认为应类推适用文书证据的调查程序。但多数学说还是认为，录音带应作为勘验的客体，也即作为物证来对待。因为录音带缺乏类推适用文书证据时所必要的与适用此原则之客体的相等价值：在品质上不同于经过考量后形诸文字之意思表示，尤其是录音带较易更改伪造，因此相较文件不可靠。① 在日本，音像资料等证据也属于物证，调查录音带、录像带、影片等证据，根据物证的性质采取放映、放录像、放录音等适当的方法进行。② 而在我国台湾地区，在2003 年"刑事诉讼法""修法"中增设第 165 条之一，其中第 1 款规定："前条（第 165 条'书证之调查'）之规定，于文书外之证物有与文书相同之效用者，准用之；"第 2 款规定："录音、录像、电磁记录或其他相类之证物可为证据者，审判长应以适当之设备，显示声音、影像、符号或数据，使当事人、代理人、辩护人或辅佐人辨认或告以要旨。"从条文的位置及字面来看，似乎"立法"将录音录像、电磁记录作为书证的等同物。但实际上这是误解，因为此条规定的调查方式为与物证相同的"辨认或告以要旨"，而非书证的"宣读或告以要旨"。另外，我国台湾地区受大陆法系影响较大，在证据分类上，与德国的分类方法也极为接近，勘验作为证据方法之一，表示以五官知觉来探求证据中所蕴含的信息，因此音像资料的证据调查方法只能是勘验。③

因此，按照大陆法系的证据分类方法，无论是模拟视频监控证据还是数字化视频监控证据，都应属于物证，适用物证的证据调查方法——勘验。

那么，若按照其他国家的人证、物证、书证的三分法，我国视频监控证据应当归为哪一种证据呢？笔者以为，应当将其定位于物证较为妥当，理由如下。

---

① 〔德〕克劳思·罗科信：《刑事诉讼法》，吴丽琪译，法律出版社，2003，第 270～271 页。
② 〔日〕田口守一：《刑事诉讼法》，刘迪等译，法律出版社，2000，第 236 页。
③ 林钰雄：《刑事诉讼法》（上），中国人民大学出版社，2005，第 411～412 页。

　　第一，英美法系的分类法是为了将证据种类与证据规则的适用逻辑关联起来，因此，将视频监控证据定位为书证，就意味着要对其适用最佳证据规则。而如果将其定位为物证，就不必适用最佳证据规则，因为在英美法系国家，在法庭上提出实物证据并不是必不可少的，在当事人提供了必要的说明后，可以用"示意证据"来取代原始物证的出示，如就原始物证而制作的模型、绘图、照片。① 只要当事人敢于冒着降低证据的证明力的风险，甚至可以就物品的状态提供口头证据，取代实物证据的出示，② 并不会影响证据的可采性。虽然随着最佳证据规则的削弱，将证据分为书证与物证的意义也有所减弱，但不可否认的是，在证据法理论上，尤其是当就证据规则的适用产生争议时，这种分类依然是有重要意义的，甚至决定了证据能否进入诉讼门槛。

　　但在我国，按照英美法系的人证、物证、书证三分法，将视频监控证据归于书证则没有多大意义。因为我国刑事证据法中的原件优先规则统一适用于书证和物证，并非仅限于书证。如《解释》第 69 条规定，"对物证、书证应当着重审查以下内容：物证、书证是否为原物、原件"；第 70 条规定，"据以定案的物证应当是原物"；第 71 条规定，"据以定案的书证应当是原件"。由此可见，我国对于物证与书证并未区别对待，而是采取统一的原件、原物优先规则，故将视频监控证据归于书证或物证，在适用最佳证据规则方面并无区别。

　　第二，我国的刑事证据法中，近年来对证据规则的补充可谓初有成就，非法证据排除规则，原件、原物优先规则，瑕疵证据补正与合理解释规则都初步构建起来，对于证明制度也进行了较大的调整，如对于证明责任的明确、证明标准的细化，但对于证据调查程序的改革依然远远不足，对于严格证明这一大陆法系的基本证据原则，在立法和理论上都没有多少关注。所谓严格证明，即对于具有证据能力的证据严格按照法定调查程序进行的证明。严格证明具有真实发现功能、权利保障与权力

---

① 〔美〕乔恩·R. 华尔兹：《刑事证据大全》，何家弘等译，中国人民公安大学出版社，2004，第 61 页。

② 参见〔英〕克里斯托弗·艾伦《英国证据法实务指南》，王进喜译，中国法制出版社，2012，第 52 页。

规范功能、判决结果正当化功能这几种递进性功能,[①] 对于具有大陆法系传统的我国来说,应当是证据制度改革中的重点。目前我国司法实践中存在的证人、鉴定人不出庭,言词笔录在庭审中普遍适用,证据的举证和质证较为随意等问题,都是没有实行严格证明原则的体现。因此,在证据制度的改革中,不应忽视证据调查方式方面的改革,在证据调查程序中强调严格证明原则,对于加强刑事司法程序的正当性、保障事实认定的正确性来说,都是必不可少的。

将视频监控证据定位于物证,更有利于加强和完善对视频监控证据的调查程序。因为,对于物证的证据调查程序为勘验,也就是通过人之感官知觉(如眼观、耳听、鼻闻、手触等),对犯罪相关之人、地、物等证据与犯罪情形之调查方法。[②] 视频监控证据包含的三部分证据信息中,无论是对图像信息、声音信息的调查,还是对生成时间、修改信息等附随信息的调查,都应适用物证的勘验方法,而非书证的朗读、告以要旨方法。而在实践中,法官却普遍地当庭不播放视频监控证据,仅询问被告人对证据是否有异议,这就相当于变相剥夺了当事人的质证权。因此,将视频监控证据定位于物证更有利于对其进行完善的证据调查,也更有利于发现案件事实,保障当事人的质证权。

所以,根据其他国家的证据分类方法,我国将视频监控证据定位于物证是最适当的,这一定位主要是着眼于对视频监控证据的证据调查方式。

---

① 参见纵博、郝爱军《刑事诉讼严格证明的若干问题》,《西南政法大学学报》2010 年第 1 期。

② 林钰雄:《刑事诉讼法》(上),中国人民大学出版社,2005,第 403 页。

第三章　视频监控证据实践运用中的问题及产生的原因——以实证研究为基础的分析

如前文所述，我国现行立法及司法解释在对视频监控证据的使用方面设置的证据规则严重不足。2012年修订的《刑事诉讼法》仅在证据种类上增加了"电子数据"，而最高人民法院发布的《解释》则仅在第92条、第93条对视听资料、电子数据的审查判断要点进行了简要规范，且这些要点并未明确区分证据能力要素和证明力要素，而是将其混淆在一起，这样极容易使司法人员产生规则适用方面的困惑，也不利于规范视频监控证据的证据能力。对于视频监控证据需要符合哪些要件才具有证据能力、如何判断其证明力、如何发挥视频监控证据的证明作用等问题，司法人员往往会感觉无法可依。所以，证据规则的不足导致司法人员在实务中不知该如何使用视频监控证据。

为了实际了解因证据规则不足而导致视频监控证据在实践运用中存在的问题，笔者曾跟随导师所在的课题组对刑事诉讼中视频监控证据的实际运用情况进行调查。课题组希望通过实证调研，了解司法实践中司法人员对视频监控证据的证据能力及证明力问题如何认识、实务中如何操作以及存在哪些尚待解决的问题。

针对上述问题，本次调研以社会学研究中的描述法和解释法为研究方法，通过一定范围的实证调研，试图对目前视频监控证据在实践中的运用状况进行描述，同时通过对调研情况和相关数据的分析，对视频监控运用状况及证据能力、证明力规则方面存在的不足和问题进行解释。[①]

---

① 社会学研究的三个目的分别为探索、描述和解释。探索即探讨某个议题，并提 （转下页）

实证考察的范围选取的是 S 省的两个县城 A 县和 B 县，其中 A 县位于 S 省西南部，总人口约 33 万，其中农村人口约 25 万，城镇人口约 9 万，经济发展程度一般，全年 GDP 80 余亿元，由于人口总数相对较少，所以全年刑事案件也相对较少。B 县位于 S 省中部，总人口约 96 万，其中，城镇人口约 61 万，农村人口约 34 万，经济较为发达，目前全年 GDP 在 600 亿元以上，因该县流动人口较多，刑事案件数量相对要多一些。这两个调研样本的选取是综合调研资源、样本代表性以及数据统计的可行性等方面考虑而最终确定的。应当说，这两个县在全国还是比较具有代表性的，因为在视频监控系统的建设和使用方面，这两个县基本上能够代表经济一般、经济发达的地区。

在调研中采取的方法主要是案卷分析法和访谈法，针对两县的不同情况，在 A 县的调研主要是针对一定期间内涉及视频监控证据的个案进行的统计和具体考察，主要针对视频监控证据在诉讼中的使用情况以及反映的问题进行调研，由于个案资源收集较为充分，所以在 A 县的调研中针对视频监控证据的使用进行了数据统计。而在 B 县的调研主要是进行司法人员的访谈，访谈的内容主要是司法人员在个案中对待视频监控证据的处理方式以及对视频监控证据的态度，视频监控在诉讼中运用存在的问题等，在访谈中也会涉及个案，但由于个案资源并不充分，所以并未进行个案的详细数据统计。

第一节　对视频监控证据实践运用的调研及发现的问题

一　涉及视频监控证据的案件数量[①]

在 A 县，调研组对涉及视频监控证据的刑事案件进行了梳理式的统

（接上页）供对该议题的初步认识；描述即把观察到的事物或现象描述出来；解释是针对观察到的事物或现象提供解释。参见〔美〕艾尔·巴比《社会研究方法》，邱泽奇译，华夏出版社，2009，第 91～92 页。

① 需要说明的是，鉴于调研资源和时间的有限性，以下统计数据难以做到绝对准确，必然存在一定的误差，但即便如此，也足以达到本次调研的目的，误差在合理的范围内。

计。经过查阅案件相关统计资料，自 2009 ～ 2012 年 8 月，3 年期间共有 32 个已经破案的刑事案件涉及视频监控证据的使用，未破案的刑事案件即便涉及视频监控证据的使用,[①] 也未进行统计。具体案件类型及所占比例如表 2 - 1 所示。

表 2 - 1　A 县 2009 ～ 2012 年 8 月涉及视频监控证据的刑事案件统计

案件类型	案件数量（件）	案件比例（%）
故意杀人	1	3.13
故意伤害	2	6.25
盗窃	13	40.63
抢劫	4	12.50
抢夺	1	3.13
绑架	1	3.13
诈骗	2	6.25
纵火	1	3.13
非法持有枪支	1	3.13
聚众斗殴	2	6.25
寻衅滋事	1	3.13
其他（假案、犯罪准备阶段）	3	9.38
合　计	32	100

从表 2 - 1 中可见，A 县涉及视频监控证据使用的案件实际上占刑事案件总数的比例并不高，因为根据该县公安机关的统计，A 县公安机关在 2009 ～ 2012 年破获的刑事案件总数远远大于涉及视频监控证据的刑事案件数量，如表 2 - 2 所示。

表 2 - 2　A 县 2009 ～ 2011 年破案总数及主要刑事案件破案数量统计

单位：件

案件类型	2009 年	2010 年	2011 年
杀人	6	2	3
伤害	17	25	22

---

① 因调研中所涉刑事案件均是已经破案的案件，故其他未破案的刑事案件，即便涉及视频监控证据的使用，也无法统计，所以在统计时以已破案的刑事案件数量为基数。

案件类型	2009 年	2010 年	2011 年
放火	1	0	0
绑架	0	3	0
抢劫	9	9	2
盗窃	80	143	118
抢夺	3	0	4
诈骗	29	20	136
破案总数	145	202	285

按照这一统计，2009～2011 年的破案数量为 632 件，如果 2012 年的破案数量与 2011 年持平的话，也就意味着 2009～2012 年破案数量大约有 917 件。在这 917 件刑事案件中，涉及视频监控证据的案件仅 32 件，占 3.5%。可见，虽然公安机关天网、社会监控系统的安装和使用已经较为普遍，但 A 县在刑事案件中真正使用视频监控的情况并不是很多，在各种类型的案件中，涉及视频监控证据的案件比例都不大。

在经济较为发达的 B 县，针对涉及视频监控证据在所有刑事案件的比例的调研结果与 A 县的结果差别不大。根据统计，B 县公安机关在 2009～2012 年 9 月，涉及视频监控证据的刑事案件统计如表 2-3 所示，与 A 县的统计一样，以已破案的刑事案件数量为基数。

表 2-3　B 县 2009～2012 年 9 月涉及视频监控证据的刑事案件统计

案件类型	案件数量（件）	案件比例（%）
故意杀人	1	2.5
故意伤害	1	2.5
盗窃	16	40
抢劫	5	12.5
掩饰犯罪所得	1	2.5
绑架	3	7.5
诈骗	2	5
强奸	1	2.5
聚众斗殴	2	5
交通肇事	2	5

续表

案件类型	案件数量（件）	案件比例（%）
非法持有枪支	1	2.5
寻衅滋事	1	2.5
介绍卖淫	1	2.5
抢夺	1	2.5
故意毁坏公私财物	1	2.5
非法拘禁	1	2.5
合　计	40	100

　　而根据 B 县公安机关提供的历年刑事案件立案、破案统计数字，B县公安机关在 2009～2012 年 6 月，刑事案件立案、破案总数统计，如表 2－4所示。

表 2－4　B 县 2009～2012 年 6 月刑事案件立案、破案总数统计

单位：件

案件统计	2009 年	2010 年	2011 年	2012 年 1～6 月
立案数量	3649	4108	2690	2152
破案数量	1748	2318	2369	1289

　　可见，由于 B 县公安机关每年刑事案件数量远远大于 A 县，因此，涉及视频监控证据在整体刑事案件中所占比例比 A 县更低。这里需要说明的是，B 县公安机关的天网系统建设要早于 A 县，且建设的规模也大于 A 县，因此理论上在刑事案件中应当更多、更频繁地使用视频监控证据，但实际上从调研结果来看并非如此。

二　视频监控证据在刑事诉讼中的运用程序与机制

　　通过调研了解了视频监控证据在刑事诉讼中的使用情况后，还有必要了解一下视频监控证据的使用程序。因为如果没有完善的使用程序规制视频监控证据的使用，就会出现各行其是的现象。而视频监控证据是一种新型的科技证据，若不遵循科学合理的程序，就无法正确进行证据的收集和提取，也就无法保障所取证据的真实性、合法性、完整性。

对于视频监控证据使用程序的调研主要集中在 B 县，因为 B 县公安机关天网系统建设较早，各项规章制度也较为规范。为规范天网系统的建设、使用和维护，公安机关专门制定了《B 县公安局天网工作规范》等文件，其中对于视频监控资料的保存、调取、批准程序等进行了较为详细的规范。另外，在对 B 县的调研中，对于视频监控证据在刑事诉讼中的使用问题也进行了较为细致的访谈，对这一问题的了解比对 A 县的情况了解更为全面。① 相对而言，A 县对于视频监控系统使用的制度就要欠缺一些，在调研中针对这一问题的考察也不如 B 县全面。因此，以下对视频监控证据的使用程序只介绍 B 县的做法。

第一，在视频监控证据的提取和保存方面，对于监控过程中发现的案件线索或现行案件，要求监控员进行图像摄取和案件信息上报，为下一步的立案、侦查提供依据。视频监控资料的保存范围较广，包括刑事案件、治安案件、治安纠纷、交通事故、群体性事件、火灾报警、治安灾害事故及其他有价值的视频资料（可疑人员、可疑情况、群众救助、重大安全保卫活动等），要求电脑和移动硬盘（或光盘）两种载体同时保存。在保存视频监控资料时，每一个案（事）件要建立一个文件夹专门保存，其中重大案（事）件图像资料在本地硬盘的保存时间不低于 1 年。

第二，在视频监控证据的调取、查看、复制方面，也有较为严格的审批规范。对于视频监控资料，实行严格的保密制度，任何人不得随意调取、查看、拷贝视频监控资料。如果派出所民警需要调取、查看本所分控中心的视频监控资料，② 需要经派出所分管领导批准，并做好记录，对此有专门的记录本，记录内容主要是查询时间、查询单位、查询人、点位、案由、效果、是否提取相关资料、是否保存、监控员、审批人等信息。分控中心以外的公安机关因工作需要，使用、调用案（事）件监控信息的，须持介绍信到县公安局指挥中心，经指挥中心分管领导审核

---

① 因为笔者所在的课题组调研的主题是新型警务问题，主要内容是视频监控系统对警务活动带来的影响，视频监控证据在刑事诉讼中的使用问题仅是其中的一小部分，所以难以在调研中集中力量进行全面调研。

② 该县实行的是三级监控中心体系，市公安局建立一级监控中心，该县公安局是二级监控中心，各下辖派出所建立三级监控中心。文件中，称派出所的监控中心为"分控中心"。

同意后统一调取。公安机关以外的单位和人员因工作需要使用、调用案（事）件监控信息的，须持相关介绍信或证明，经公安局分管领导审批同意后，由办案民警陪同到县公安局指挥中心统一调取。交警大队监控平台经大队领导批准后可以调用交通事故监控资料，其余图像资料不能向任何单位和个人提供。

第三，在具体的复制和保存视频监控证据的手段、方法、操作程序方面，文件并未作出详细规定，在具体的提取程序中，手段、方法也较为混乱，有的案件中将视频监控文件进行光盘刻录，有的只进行了视频的截图，有的同时进行了光盘刻录和截图，甚至有的只用 U 盘、移动硬盘拷贝，具体如何操作，由办案人员自己根据情况决定。若对视频监控证据进行拷贝，一般都要进行详细的登记。

第四，在提请批捕、移送起诉时向检察机关随案移送视频监控证据方面，也缺乏相应的规定，是否移送由公安机关办案人员根据案情严重程度及视频监控证据的内容自行决定。但一般来说，杀人、抢劫等案件若是有视频监控证据的话，都会随案移送。在移送的方式上，有的案件中，若随案移送视频监控证据，办案人员会制作一个视频监控证据的书面说明，对案件概要、视频监控证据的获取来源、监控点位、监控内容等进行说明，但有的案件中，仅仅移送刻录有视频监控证据的光盘，或者仅仅有打印出来的视频截图，而没有制作说明。检察机关批捕、审查起诉时，若发现案件有需要视频监控证据而公安机关又未移送的，会通知公安机关补充证据。但在批捕环节，若其他证据能够达到批捕要求，一般就不再要求移送视频监控证据，在审查起诉环节要求移送的情况要多一些。

第五，在审判阶段，法官一般是在开庭前观看视频监控证据，对视频所反映的内容提前有所掌握。在庭审过程中，若被告人翻供，或者不认罪，都要当庭播放视频监控证据，如果被告人认罪，且庭审中经过被告人同意，就不再播放视频监控证据。在庭审后，部分法官还会在作出判决前再次观看视频监控证据，以加强内心确信。法官一般不会主动要求移送视频监控证据，但是，只要是检察机关随案移送视频监控证据的，一般都会采纳并采信。视频监控证据虽然能够作为定案根据，但在事实认定中通常不能作为决定性证据，只能作为辅助证据或旁证，起到"锦上添花"的作用，真正决定案件事实认定的还是物证、书证等证据。法官对视频监控证据的审查主要是审查是否附有提取笔录、作案过程是否连续播放、是否有时间上的中断、收集的过程是否有瑕疵，但据法官介绍，一般都不能发现存在上述方面的问题，虽然有辩护人曾对视频监控证据提出一些质疑，但都没有被法官采纳。

三 视频监控证据在刑事案件中的主要作用

在这些为数不多的涉及视频监控证据的刑事案件中，视频监控证据在案件中的主要作用是什么呢？为解答这一问题，就要统计视频监控证据在诉讼各个阶段是否出现，以及在哪一个阶段之后就没有再使用。通过这样的统计，就能发现在实践中视频监控证据主要用于哪一个诉讼环节，并发挥了何种作用。

基于在 B 县的调研中，涉及视频监控证据的诉讼文书收集不全，无法准确判断每个案件中视频监控证据最终使用到哪个诉讼环节，因此进行统计的意义不大。而在 A 县的调研中对案件信息的了解则较为全面，统计也相对准确，因此，只对 A 县的情况进行统计。A 县 2009 ~ 2012 年 8 月共 32 件涉及视频监控证据的刑事案件中，视频监控证据使用情况统计如表 2 - 5 所示。

表 2 - 5　A 县 2009 ~ 2012 年 8 月涉及视频监控证据案件中视频监控证据的使用情况

单位：件

案件编号	案件名称	发现犯罪	立案依据	破案依据	作为证据使用的阶段			
					强制措施	移送起诉	提起公诉	判决依据
1	杜某等盗窃案			1		1		
2	陈某抢劫案			1	1			
3	崔某抢劫案			1	1			
4	何某抢劫案			1				
5	龚某故意伤害案				1			

续表

案件编号	案件名称	发现犯罪	立案依据	破案依据	作为证据使用的阶段			
					强制措施	移送起诉	提起公诉	判决依据
6	吉某非法持有枪支案	1						
7	陆某等诈骗案			1				
8	王某盗窃案			1				
9	王某诈骗案			1		1	1	1
10	郭某盗窃案			1				
11	肖某抢劫案			1	1	1	1	1
12	杨某等绑架案							
13	杨某盗窃案						1	
14	胡某盗窃案							
15	曾某故意杀人案			1		1	1	1
16	欧某盗窃案			1				
17	杨某被盗案			1				
18	刘某等盗窃案	1						
19	杨某等聚众斗殴案	1						
20	刘某故意伤害案							
21	袁某盗窃案			1				
22	刘某盗窃案		1					
23	周某等盗窃案			1		1		
24	余某等抢夺案					1		
25	杨某等聚众斗殴、故意伤害案			1		1	1	1
26	罗某盗窃案			1				
27	吉某盗窃案			1				
28	陈某盗窃案			1				
29	王某等盗窃案			1				
30	方某纵火案			1				
31	向某寻衅滋事案							
32	熊某被害案			1				
总计		3	1	24	4	8	4	4

注：第18件"刘某等盗窃案"后经查实并非刑事案件；第22件"刘某盗窃案"经查明刘某处于犯罪预备阶段，所以就未利用视频监控进行下一步侦查；第32件"熊某被害案"后经查明系自杀而非刑事案件。这三件案件属于表2-1中的"其他（假案、犯罪准备阶段）"。

　　根据对 A 县 32 件案件的相关诉讼文书、案卷资料的查阅，发现在所有涉及视频监控证据的刑事案件中，用于发现犯罪和立案依据的数量较少，分别为 3 件和 1 件。视频监控证据最大的用处是在侦查和破案阶段，确定犯罪嫌疑人、寻找证人、重现案发现场等，在 32 件案件中，共有 24 件在侦查破案阶段使用了视频监控证据。而作为强制措施依据（即提请批准逮捕）的只有 4 件，也就是说，在破案并抓获了犯罪嫌疑人后，在提请批准逮捕时，大部分案件不移送视频监控证据，至于在破案过程中是否对视频监控证据进行了提取、复制和保存，则情况不详。但只要公安机关决定在提请批捕时随案移送视频监控证据，就肯定会提取、复制和保存视频监控证据，因此，在未随案移送视频监控证据的案件中，大部分极有可能根本就没有进行提取、复制和保存。但在移送起诉时，有 4 件未在提请批捕环节移送视频监控证据的案件，却在移送起诉时又使用了视频监控证据。这一现象的出现可能是由于案件的其他证据已经达到批捕的要求，因此在提请批捕时并未随案移送视频监控证据，但在起诉环节，因为案件性质较为严重，或者应检察机关的要求而移送视频监控证据。从以下情况也可看出这一点，即在这 4 件案件中，有 3 件都是提请批捕时未移送视频监控证据，而在审查起诉阶段移送了，并且提起公诉时检察机关也使用了视频监控证据。在提起公诉中使用视频监控证据的 4 件案件中，所移送的视频监控证据在审判中全部被采纳，并且全部作为判决的定案根据。

　　从表 2 - 5 的统计可以看出，在刑事诉讼中，真正靠视频监控发现的犯罪并不多，视频监控证据主要的作用还是体现在案件进入侦查阶段以后。但从侦查阶段到批准逮捕，再到审查起诉和审判阶段，视频监控证据的作用呈递减状态，最终能够作为定案根据的只占极少一部分。而在起诉时移送视频监控证据的案件中，视频监控证据都成为最终的定案根据。

四　司法人员对视频监控证据的认知与态度

　　司法人员对视频监控证据的态度在某种程度上决定了视频监控证据能否在实践中被广泛运用。如果司法人员将视频监控证据作为各种证据中的优先选择，给予充分重视，那自然会提高视频监控证据的运用水平，充分发挥视频监控证据的作用。如果司法人员不重视视频监控证据在诉讼中的证据作用，只重视人证、物证、书证等传统证据的收集，自然就不利于视频监控证据证明作用的发挥。因此，在调研中，通过访谈等形式了解司法人员对视频监控证据的态度是一个重要的方面。

基于调研重点、调研资源等方面的原因，在司法人员对视频监控证据的态度方面的调研，依然是以 B 县的调研为主，调研形式主要是访谈。在调研中，分别针对公安机关、检察机关、法院的司法人员进行了访谈，其中访谈公安人员 20 余人、检察官 10 余人、法官 3 人，调研结果大致如下。

第一，对公安机关的访谈主要围绕他们在实践中如何处理视频监控证据，以及在案件的立案、侦查阶段，视频监控证据起到什么样的作用。从调研中发现，大部分公安人员在涉及视频监控证据的案件中，都能主动去查询监控系统，但也有少数案件中，办案人员不能主动想到查询，经过被害人或证人的提醒，才想到去查询监控记录。这就表明部分办案人员在办案中还未充分重视视频监控证据的作用。对大部分公安人员来说，视频监控证据起到的主要作用是锁定犯罪嫌疑人，获取犯罪嫌疑人口供依然是最重要的取证目标，而视频监控证据则往往成为获取犯罪嫌疑人口供的工具，即在犯罪嫌疑人拒不交代犯罪事实时，将视频监控证据播放给犯罪嫌疑人观看，打消其抗拒心理从而迫使其坦白。大部分公安人员对视频监控证据的态度并不是很积极，因为他们都反映了一个问题，即视频监控证据的质量并不高，尤其是公安机关安装的天网系统所记录的视频，在清晰度、拍摄角度、正常运行方面，往往比社会单位和个人安装的监控系统要差得多，如 B 县某派出所民警李某认为"公安机关的视频监控设备老化，线路容易断，固定方向看不全、有死角，像素不高、不清晰"，而 B 县另一个派出所副所长王某也有类似的看法，认为"天网系统效果很不好，看不清楚。每一年，只有 10 件左右案件靠天网系统；而社会监控、卡口监控用得比较多"。在提请批捕和移送审查起诉时，随案移送视频监控证据的案件不多，公安人员提供的解释主要有如下几种：其一，检察机关要求同时移送制作说明、提取笔录等手续，以证明来源、取证程序，比较麻烦；其二，相比而言，在批捕和起诉时，犯罪嫌疑人的口供笔录更容易被采用，也没有烦琐的程序性手续，因此他们更乐于获取并移送犯罪嫌疑人口供；其三，视频监控证据的质量是一个决定性因素，在视频质量不高的情况下，若移送了不仅无法起到积极作用，而且还可能会适得其反；其四，在证据理念上还是重视其他传统证据，尤其是口供，对视频监控证据重视程度不够。但是在其他证据并不充分的情况下，如在没有被告人口供的情况下，或者性质较为严重的案件中，如故意杀人、抢劫案件中，如果有视频监控证据的话，都会全部移送。因为基于绩效考核的考虑，如果检察机关退回补充侦查，办案人员就会被扣分，所以为加强证明力，在这些案件中会全部移送视频监控证据。另外，公安人员对视频监控证据的证明作用理解不一，有的认为只有能够完整记录下作案过程，才能作为证据使用，有的认为只要能够与其他证据（如路线、时间、地点）印证，就能够作为证据使用。

第二，对检察机关工作人员的访谈主要是为了了解他们在案件处理中如何看待视频监控证据，以及认为视频监控证据在使用中存在哪些问题。通过访谈，发现检察人员在批捕、起诉环节都很重视视频监控证据的使用，如果案件中有视频监控证据而公安机关并未移送，很多检察人员就认为可能会因此导致达不到批捕标准或起诉标准，有的检察人员会要求公安机关移送。即便是证据比较充分，没有视频监控证据也可以批捕、起诉的案件，部分检察人员也认为有视频监控证据会达到更好的效果。但在访谈中，部分检察人员也透露出对视频监控证据的技术原理不熟悉，在审查中无法辨明真伪的困惑，并认为应当有专门的法律法规对视频监控证据的使用进行规范。如在访谈中，B县检察院公诉科检察官伍某认为"对于视频监控证据，没有相关规定，而检察官对技术又不懂，所以整个过程是否合法，是否经过PS，是真的还是假的我也不知道，也许会出现这些问题，需要法律法规来规范"。另外，检察人员也反映了与公安机关工作人员相同的问题，即视频监控证据的质量影响其证明作用，而公安机关移送的视频监控证据中，质量参差不齐，对于质量较好的视频监控证据，一般在案件的审判中可以直接作为证据使用，对于质量较差的视频监控证据，则可以作为其他证据的辅助证据使用，以形成证据印证。对于视频监控证据的收集程序、使用程序，检察人员普遍认为应当有更为明确的规范，以保障视频监控证据充分发挥证明作用。

　　第三，对法官的访谈主要是要了解法官在审判中如何看待视频监控证据这一新型证据，以及如何对视频监控证据进行审查判断。通过访谈发现，虽然视频监控证据属于较新类型的证据，法官一般对这种证据没有排斥心理，而且，随着案件中视频监控证据提交数量的增加，法官们认识到这种证据的重要作用。在对视频监控证据的审查判断上，法官们主要审查视频监控证据是否附带提取笔录、是否完整地进行了复制和光盘刻录，播放的监控图像是否连续一致、是否有时间上的间断、是否有其他瑕疵，在这些审查判断的要点中，既有关于对视频监控证据的证据能力方面的审查，也有对证明力方面的审查。对于视频监控证据，有的法官还是表示出一定的怀疑态度，因为在技术上，法官通常自己没有鉴别真伪的能力，所以只能从程序上进行粗略的审查。如 B 县法院的周法官在访谈中就坦言"（对于视频监控证据的真实性）我们主要是程序上予以审查，有一个提取笔录；附上光盘；作案过程是连续播放的"。在证据调查方面，如果被告人认罪且经被告人同意，法官就不再播放视频监控证据；如果对案件基本事实有争议，或者被告人不认罪，法官会播放视频监控证据。但是在个别案件中，如果检察机关移送了视频监控的截图，法官一般都会将截图向被告人出示并进行质证。对于视频监控证据的证明力，法官们认为仅有视频监控证据很难定案，最重要的还是要有物证、书证等证据，被告人口供还是最为可靠的，如果既有被告人口供，又有视频监控证据作为辅助证据，就可以毫无疑问地定案。

　　综合以上调研，可以得出一个结论，即司法人员整体上能够接受视频监控证据在案件中作为证据使用，并且普遍对这种证据有一定的提取、审查意识。但有的司法人员对待这种证据的态度依然存在一些问题，如公安机关部分办案人员认为这种证据的手续"麻烦"；部分检察官认为这种证据的技术性强，自己不好把握；部分法官一律将视频监控证据当作辅助证据，而不是将其作为定案的基础证据。这些态度都反映出，虽然视听资料作为我国《刑事诉讼法》中的证据形式已经若干年，但对于视频监控证据尤其是目前广泛使用的数字化视频监控证据这一新类型的证据形式，司法人员依然有一种较为矛盾的心理，既想充分利用这种证据的证明作用，又对其有一定的疑虑。这反映出司法人员在运用视频监控证据上依然缺乏相应的指引。

第二节　视频监控证据实践运用中问题产生的原因

从上述对视频监控证据在诉讼中作用发挥方面的调研结果中，我们发现视频监控证据最主要的作用是在侦查阶段，而在调研中我们还发现，在侦查阶段视频监控最重要的作用在于锁定并抓获犯罪嫌疑人，其次一个作用就是将视频监控证据作为获取犯罪嫌疑人口供的手段。在此之后，视频监控证据的作用就降低了，只有很少的案件（而且基本上是严重犯罪案件）才会继续使用视频监控证据，最终在审判中将视频监控证据作为认定案件事实根据的更是少之又少。这的确是一个很奇怪的现象，因为在理论上，随着视频监控系统的普及，发生在公共场所的犯罪、能够通过视频监控系统印证犯罪嫌疑人的行为时间、地点等情况的犯罪被视频监控系统记录下来的情况越来越多，因此在诉讼中尤其是在审判阶段视频监控证据应当得到更多的运用，但实践中大多数视频监控证据的作用却仅限于为侦查破案提供线索。

视频监控证据的质量较差应当是造成这种情况的原因之一，但质量问题并非法律问题，只能有待视频监控系统建设的加大投入和完善，除此之外，还有其他几个原因是造成这种情况的主要原因。

首先，虽然司法人员普遍能够接受视频监控证据在刑事诉讼中作为证据使用，但部分司法人员对这种证据依然心存疑虑甚至抵触，所以导致视频监控证据在法庭运用上很不足。如在调研中，有的公安机关办案人员认为这种证据的收集、提取程序没有可以直接依据的规范，因此不知该如何完善收集、提取的手续，将证据移送到检察机关之后，检察机关可能会要求补充各种手续，而且即便如此，最终检察机关也未必会采用视频监控证据，所以不如不移送，而是通过视频监控证据获取犯罪嫌疑人口供、证人证言等证据，这样批捕、起诉的把握要大一些。而部分检察官也认为，视频监控证据虽然在案件中随案移送的情况较多，但因为法律及司法解释缺乏对这种证据的收集程序的详细规定，公安机关移送时往往手续不全，无法证明收集的程序合法性、证据的完整性及全面性，难以符合证据的采纳要求，不如犯罪嫌疑人口供等证据可靠。再者，检察机关对于视频监控证据缺乏相应的技术鉴定能力，如对于电子文档形式视频的附随信息是否被篡改、是否被伪造等，都无法进行有效的鉴定和确认，在数字化视频较容易被篡改、伪造的情况下，检察官难以辨别真伪，所以对有的案件并不希望在起诉和审判阶段使用视频监控证据。而部分法官也认为在证据的审查判断中，虽然《关于办理死刑案件审查判断证据若干问题的规定》以及其他司法解释中对各类证据的审查判断要点有比较详细的规定，但毕竟目前广泛使用的数字化视频监控证据是较为新型的证据种类，按照传统的视听资料证据的审查判断标准对视频监控证据进行审查，难以做到万无一失，所以对采纳和采信视频监控证据始终难以保证内心确信的稳定性。由这些司法人员对视频监控证据的疑虑可以看出，基于司法相对于科技的滞后性和保守性，在新型证据种类面前，司法人员难免会有消极和抵触心理，即便新证据的证明机理更科学，也情愿以守旧的方式采用其他较为熟悉的证据类型，以防止在案件办理中出现差错。从前述对案件的统计分析角度，也能印证这一判断。如在 A 县的 32 件涉及视频监控证据的案件中，用作发现犯罪、立案依据、破案依据的有 28 件，占 87.5%，而最终用于法庭证据的仅有 4 件，占 12.5%，导致大量视频监控证据未能充分发挥诉讼证明作用。而在访谈中，大部分公安人员也表示，视频监控证据主要是用作破案、确定犯罪嫌疑人等，移送审查起诉的并不多，在对检察官、法官的访谈中，也能发现这种既希望利用视频监控证据的证明作用，但又对该种证据心怀疑虑的现象。这种运用的不足也从另一个侧面说明，虽然我国目前在刑事诉讼中已经开始使用视频监控证据，但对于视频监控证据的证明机理、证据能力、证明力、具体运用程序等方面还需要在充分研究的基础上进行进一步的规范。

其次，对于视频监控证据的证据能力、证明力、具体运用等问题，在实践中依然存在一些误解，影响了视频监控证据的使用。如有的公安人员在办案中，认为没有完整地拍摄下犯罪嫌疑人作案过程的监控视频，就不具有证据价值，因此就不进行提取和保存。这实际上是对证据相关性的错误理解。如下文所述，证据的相关性不仅包括与案件事实直接相关，而且还包括间接相关，即便监控视频未直接拍摄到案发现场的情况，如果能够拍摄到犯罪嫌疑人在案发前的动向、案发后的去向，至少也能作为间接相关证据，对犯罪嫌疑人的口供是否真实进行辅助证明，而不是像办案人员理解的那样，因不具有直接相关性就没有证据价值。再如，对于视频监控证据的证明力问题，很多司法人员认为，仅凭视频监控证据不能定案，即便视频监控证据是"优质证据"，也必须有其他证据才能定案，如果被告人不认罪，或者没有其他物证、书证，就不能定案。这确实是一个奇怪的现象，因为我国《刑事诉讼法》规定"证据确实、充分"即可作出判决，而且对何谓"证据确实、充分"进行了细化解释，实质上是要求司法人员内心达到排除合理怀疑的状态即可，在视频监控证据完整、清晰地拍摄下被告人作案过程的案件中，即便没有其他证据，视频监控证据作为一种"优质证据"，能够证明案件事实的构成要件，也应该可以定案。从司法人员坚持没有其他证据不能定案的做法来看，对于视频监控证据的证明力，还存在很大的误区，同时也反映出倚重口供的心理。

最后，在视频监控证据在案件的具体使用方面，一是缺乏法律或司法解释的明确指引，二是由于视频监控技术的新颖性，对于取证程序也缺乏经验性的指导，所以其具体使用在实践中也较为混乱。如对于视频监控证据的收集问题，并没有一定的收集规范，而是由办案人员自己根据情况决定，不像搜查、扣押那样有较为严格的程序性规范。收集社会单位或个人的监控视频时，有的只要出示警官证即可进行复制、光盘刻录，收集公安机关天网监控视频系统的程序反倒复杂一些，需要分管领导签字同意，但总体上也是比较随意的。至于收集的形式，有光盘刻录、U盘拷贝、截图并打印等不同形式，而究竟应采用何种形式也没有硬性的要求，全是由办案人员自行决定。收集之后，是否移送、如何移送也是由办案人员裁量。这种各行其是的现象势必会影响视频监控证据的使用。很多司法人员都认为，应当针对视频监控证据的收集、保存、举证、质证等方面设定更为详细的规范，以便于他们在实务中操作。缺乏详细的操作规范，使他们感到无所适从，实践中的收集、保存、移送、质证方式也是五花八门，并且由于规范和标准的不确定，使视频监控证据在诉讼中的使用面临着很大的不可预见性，导致他们不愿意使用视频监控证据。视频监控系统的发展日新月异，系统功能越来越多样，取证的技术性要求也越来越高，但对于如何提取、保存视频文件，无论是法律法规，还是公安机关内部的具体规定，都没有紧跟办案的需求而制定相应的规范，使司法人员感到无法、无据可依。在实践中也很难有现成的经验性做法可以借鉴，都是在实务中由办案人员自己摸索，因此才会出现在证据的提取和固定方面有形形色色的方式。正是因为缺乏相应的规范，加上实践中做法不一，有些法官对于视频监控证据的证据能力、证明力有所怀疑，才不敢仅凭视频监控证据定案。

通过对视频监控证据在刑事诉讼中使用的调研，可以看出，随着视频监控系统的普及，近年来刑事诉讼中涉及视频监控证据的情形越来越多，尤其是发生在街道、公共场所的犯罪，如盗窃、抢劫、抢夺、故意伤害等案件，往往都会生成一定的视频监控证据，即便其他一些较为隐蔽的犯罪，如强奸、故意杀人等，也会有一些视频监控证据以印证被告人的犯罪预备、来去路线、作案时间等。因此，司法人员也逐渐开始重视视频监控证据的使用。然而由于法律及司法解释在此方面证据规则的不足，对于视频监控证据的证据能力和证明力问题，司法人员在实务中仍存在很多疑惑和误解，导致不能充分有效地利用视频监控证据，也不能合理地对视频监控证据的证据能力和证明力进行审查判断。对于这种证据的证据能力要件未能厘清，以及对其证明力问题的研究不足，是导致这种新型证据在实践中运用不足的深层原因。因此这两个问题是需要在理论上和实务中进一步研究和探讨的重点。

一 视频监控证据的证据能力要件亟待厘清

在调研中，大多数司法人员对于何种视频监控证据才具有证据能力并不是很清楚。对证据能力的审查主要是在审查起诉阶段和审判阶段。

在审查起诉阶段，检察官对视频监控证据的审查主要看是否提供了必要的笔录或制作说明，以证明视频监控证据的来源。如果附有制作说明或者提取笔录，一般就认为具备证据能力，对于其他方面，如是否能保障真实性、视频监控系统的有效性、运转的正常性等都不再进行审查。法官在审判中也主要是审查是否有相应的证据证明视频监控证据的来源，对于其他方面也不再进行审查。但除了证据来源之外，其他一些方面对于视频监控证据的证据能力来说，也是非常重要的影响因素，如视频监控系统的前端设备出现问题，就会影响到图像的色彩、成像，可能会使图像不具备基本的辨认功能，失去作为证据的基础，不具备证据能力。

在证据法理论上，是否能够证明来源仅是证据具备证据能力的要件之一，是必要条件而非充分条件。无论检察官还是法官，在实务中都将来源是否明确作为视频监控证据的证据能力的唯一标准，但对于视频监控证据的证据能力是否还需要其他要件，并无统一的认识，这势必会导致对视频监控证据的采纳标准不一。因此，在对视频监控证据的研究中，必须在明确证据能力这一证据法基本概念的基础上，根据视频监控证据的特征，尤其是数字化视频监控证据的特征，厘定视频监控证据具备证据能力所必需的要件，以深化对视频监控证据的证据能力的认识，为设置相应的证据规则以及实务中的操作提供理论支持。

二 视频监控证据的证明力研究需要加强

对于视频监控证据的证明力问题，实践中也是理解不一。相当一部分司法人员认为视频监控证据的证明作用不大，相对于被告人口供等证据而言，视频监控证据的证明力较小，只能起到辅助性的证明作用。但是为什么视频监控证据的证明力较小，司法人员除了提供一个解释，即视频监控证据的质量不高之外，没有提供其他解释。对视频监控证据的证明力的这种看法，显然也是一种不知源于何处的误解。

这种误解可能是由我国的刑事诉讼法学中对证明力问题的研究并不深入，以及司法实践中对待证明力问题采取的形式化态度有关。我国近年来对证据法学的研究热度不断提高，但迄今为止，主要的研究力量都集中在证据规则方面，对于非法证据排除规则、传闻证据规则、最佳证据规则、证人特免权规则、品格证据规则等方面都有较多的研究成果，但对于证明力的研究，却很少。① 在实践中，对证据证明力虽然确立了一些规则，典型的如《解释》第 109 条，但总体上对证据证明力的把握是在形式化的"证据相互印证"框架下进行的，无论证据的证明力实际上是大是小，只有在有其他证据印证的前提下，才能作为裁判的依据。而学术界对证明力的研究也很少，使证明力研究成为证据法学研究中"最短的一块木板"。但实际上，证明力的研究是证据法学中不可或缺的重要部分，虽然自由心证制度是合理的，但并不意味着就不能对证明力发挥作用的机理进行学术研究，更不意味着必须将证明力的判断绝对自由化。在证据法学中，为证明力的判断设定标准和尺度，是极有必要的。即便在以证据规则研究为主要领域的英美法系国家，近年来针对证明过程、证明机理的研究也日益兴盛起来，形成所谓的"新证据学派"，从统计学、心理学、概率论、法庭科学等各个方向对证明过程进行研究，其目的不外乎探究证据的证明力是如何发挥作用的，以及如何实现准确认定案件事实。因此，我国的证据法学界也应加强对证明力领域的研究，深化证据法学研究的理论基础，为司法实务提供理论指导。对于视频监控证据的证明力来说，研究的重点在于从哪些方面来确定视频监控证据的证明力大小，以及如何确定某种视频监控证据在案件事实认定中的作用等。

通过对实证调研结果的描述，以及对调研中发现的问题及产生的原因的简要分析，可以明确对视频监控证据在刑事诉讼中使用问题必须研究的重点是视频监控证据的证据能力问题、证明力问题，只有对这两个大问题进行深入的研究，才能规范视频监控证据的使用，充分发挥视频

---

① 在我国近年来出版的一些证据法的专著和教材中，可以发现这种趋势，即整个著作的主要内容都是某一个或某些英美法系的证据规则，对证据法其他方面的研究很少，尤其是对证明力方面的研究，不是一句带过，就是毫不涉及。参见易延友《证据法的体系与精神——以英美法为特别参照》，北京大学出版社，2010；刘广三《刑事证据法学》，中国人民大学出版社，2007；龙宗智、杨建广《刑事诉讼法》，高等教育出版社，2007。

监控证据的证明作用，同时有效地保障犯罪嫌疑人、被告人的基本权利。目前视频监控证据在刑事诉讼中运用效果不佳的主要原因就在于对上述两个问题在立法和理论上都有很多疑问未能解决，还留有一些有待厘清的问题，因此，第四章主要对视频监控证据在刑事诉讼中的证据能力及证明力问题进行专门探讨。

第四章　视频监控证据的证据能力

证据能力是大陆法系的概念，以德国为主要代表。德国的证据能力概念强调的是证据能够成为认定犯罪事实之基础的资格，并在理论上将证据能力问题分为收集证据的禁止和使用证据的禁止。证据能力的概念不仅是指证据可以进入诉讼并进行证据调查，更为重要的含义是指证据可以最终成为认定事实的基础，相当于我国立法中所说的"定案的根据"。[①] 根据这种界定，即便不具备证据能力的证据，依然可能在诉讼中进行证据调查，只不过最终不能将其作为认定事实的依据而已。

与证据能力相似的概念是可采性，国内学者一般将二者等同，但实际上二者并不相同。可采性概念是英美法系处理何种证据具有在法庭上出现的资格的概念，负责审判的无论是业余的陪审团还是专业的法官，都必须也只能根据在法庭上出现的证据进行事实裁判。在英美法系国家，原则上具有相关性的证据都具有可采性，除非证据因违反排除规则而被排除，证据排除规则主要包括为提高事实认定准确性的规则和事实认定之外因素的其他规则。[②] 可采性规则是英美证据法中的首要规则，通过可采性规则，为证据进入诉讼程序设置了门槛，不符合要求的证据根本就无法进入证据审查程序，不得被事实裁判者接触。

综上所述，大陆法系的"证据能力"概念与英美法系的"可采性"概念有如下几点区别。

第一，可采性强调的是证据"进入诉讼并进行证据调查的资格"，不具备可采性的证据，根本就不得进行证据调查。而证据能力概念则是

---

① 参见封利强《司法证明过程论——以系统科学为视角》，法律出版社，2012，第298页。
② 参见〔美〕米尔吉安·R.达马斯卡《比较法视野中的证据制度》，吴宏耀、魏晓娜译，中国人民公安大学出版社，2006，第96页。

"作为事实认定的根据的资格"，也即证据能力不是发挥可采性那种把住证据进入诉讼"入口"的作用，而是起到卡住诉讼"出口"的作用。

第二，可采性将那些因证明价值小于其带来的风险的证据、因侵害公民权利而不具有合宪性的证据等排除在证据调查程序之外，因此其核心是"证据资格"，而证据能力概念的核心则不在于"证据资格"，在于"认定事实的基础"，即便违反证据收集禁止与使用禁止规定的证据，也能够进入证据调查程序并进行严格证明，并且不论是何种证据，都必须经过严格证明才具有证据能力，只不过违反证据禁止规定的证据最终不得作为认定事实的证据而已。[①] 兼采大陆法系及英美法系的日本，就对严格证明原则进行了修正，因此其严格证明与德国的严格证明就有所不同，根据日本学者的解释，严格证明即根据法律规定的形式对有证据能力的证据进行证据调查（包括开示证据和调查证据两个方面）。[②]

第三，以上两点区别导致可采性与证据能力概念在排除证据的时间方面不相同。英美法系根据可采性规则进行证据排除通常是在庭审之前，由专司法律适用问题的法官在庭审后进行排除与否的裁判，最迟的证据排除也发生在庭审过程中，由法官根据当事人动议进行排除。而大陆法系的证据排除则一般发生在庭审之后、判决之前，由法官根据庭审中的情况决定是否排除某种证据。

大陆法系的证据能力概念与英美法系的可采性概念不同的主要原因是诉讼构造的不同。英美法系以陪审团为认定事实的中心，创设可采性的目的在于通过审判前的听证程序对证据进行审查和筛选，避免那些有偏见、不可靠的证据出现在陪审员面前，影响陪审员心证的形成，如果不具备可采性的证据不慎流入审判中，甚至会导致陪审团的解散。因此，在英美法系，证据的可采性是控辩双方攻防的要点，因为证据的准入与否往往决定了案件的胜败。大陆法系则本着对法官的信赖，将证据能力的有无及最终事实认定的责任交由职业法官，因此，对不具备证据能力的证据进行排除要求职业法官"视而不见、听而不闻"，这也是受过严格

---

① 参见孙远《刑事证据能力导论》，人民法院出版社，2007，第13页。
② 〔日〕松尾浩也：《日本刑事诉讼法》（下），张凌译，中国人民大学出版社，2005，第13页。

训练的职业法官应有的素质和能力。

根据笔者的理解，目前我国证据能力概念的界定出现了理论与实践严重脱离的状态，即在理论研究中，证据能力实际上指的是英美法系的可采性概念，但在立法上和实践中却实行的是大陆法系的证据能力概念。在理论研究中，无论学者是采用可采性的概念，还是证据能力的概念，都是指证据进入诉讼程序的资格。如证据的可采性，是指证据被法庭接受的资格，换句话说，证据的可采性是指证据能够进入法庭，并被出示给事实裁判者的资格，因此，证据的可采性通常又被称为证据资格。[①] 再如所谓证据能力，是指某个东西或材料能否满足诉讼等法律活动对证据的基本要求，是否具备成为证据的能力，是否具备担任证据的资格，因此又称为证据资格。……大陆法系国家的学者习惯使用证据能力或证据资格的概念；而英美法系国家的学者往往从证据可采性角度来研究这个问题。[②] 由这些论述可见，我国的学者对于英美法系的可采性概念与大陆法系的证据能力概念基本上未能厘清，且一般将二者混用，但在理论研究中都是将二者作为证据资格的同等意义对待，不具有可采性或不具有证据能力的证据，就不可对其进行证据审查，也不能作为证据使用。

但在立法和司法中，证据能力的内涵并非如此。虽然法律及司法解释中设置了若干证据能力条款，却与我国学者心目中的证据能力概念不是一回事，我国的证据能力规范实际上与大陆法系的证据能力规范是一致的，强调的是不具备证据能力的证据最终不得作为定案的根据。这一判断主要是基于如下两个理由。

其一，我国并没有将证据能力审查与案件事实裁判的主体和阶段进行分离，审判法官既要进行证据能力的判断，也要进行案件事实的认定，在 2012 年《刑事诉讼法》修订前，无论是证据的排除还是最终事实的认定，都要到案件庭审结束后由审判法官进行裁决。根据 2012 年修订的《刑事诉讼法》第 182 条第 2 款规定，庭前会议的功能是对回避、出庭证人名单、非法证据排除等问题了解情况、听取意见。这一条规定初步设

---

① 参见陈卫东、谢佑平主编《证据法学》，复旦大学出版社，2005，第 65 页。
② 参见何家弘《论证据的基本范畴》，《法学杂志》2007 年第 1 期。

置了我国的庭前会议制度，并且可以在庭前会议中初步听取与证据能力问题相关的意见，了解相关情况。但是，并未规定庭前会议的主持人员必须是审判法官之外的其他法官，相反，根据全国人大常委会法制工作委员会的解释："这一制度的目的就在于明确庭审重点，便于法官把握庭审重点，本款中规定的审判人员可以是合议庭组成人员。"并且，"这里的非法证据排除，只是听取意见，具体如何排除要根据修订后《刑事诉讼法》第 54 条、第 56 条、第 58 条的规定依法进行。"① 因此，即便在庭前会议制度下，证据能力的裁判者与最终的事实裁判者也未分离，当然就谈不上不让法官接触不具备证据能力的证据，因为法官势必要接触所有的证据。在这种情况下，证据能力规范的意义就不在于将不具备证据能力的证据排除出事实裁判者的视野，而是在于将其排除在事实裁判者最终认定事实的证据范畴之外。

其二，虽然司法解释字面上出现了"不得作为证据使用"，但大多数条款中都是要求"不得作为定案的根据"，立法者的意思也是指"最终不得作为定案的根据"，而并不是说不具备证据能力的证据就不得进入诉讼程序进行审查。因为我国 1979 年的《刑事诉讼法》实行案卷并送制度，1996 年修订的《刑事诉讼法》对此进行了调整，要求起诉时只移送主要证据复印件以及附有证据目录、证人名单，而不再要求全案证据移送，2012 年修订的《刑事诉讼法》又恢复了全案案卷并送制度，但不管是部分案卷移送，还是全案案卷移送，法官在审判前通过阅卷，已经接触了案件的主要证据或全部证据，即便是不具备证据能力的证据，法官在审判前也已经通过阅卷而知晓了其内容。因此，我国的证据能力规范不可能要求法官作为事实裁判者不接触、不知晓没有证据能力的证据，而只能要求法官在裁判时不得将这些证据作为定案的根据。

所以，我国的证据能力概念与大陆法系国家的证据能力概念是相同的，与英美法系的可采性概念有较大差别，若将我国证据能力界定为"进行证据调查的资格"，就不符合我国实际的证据能力规则及作用机制。

---

① 全国人大常委会法制工作委员会刑法室编《关于修改中华人民共和国刑事诉讼法的决定：条文说明、立法理由及相关规定》，北京大学出版社，2012，第 215 页。

所以，我国的证据能力应界定为"作为认定事实依据的资格"，要求法官不得将无证据能力的证据作为定案根据。所以下文对视频监控证据的证据能力进行探讨，也是以这一概念定位为前提的。

第一节 国外视频监控证据的证据能力规范

在具体探讨视频监控证据的证据能力问题之前，笔者认为有必要先对国外部分国家规范视频监控证据的证据立法进行考察，并从中总结出国外的普遍经验和做法，从而对我国规范视频监控证据提供一些参考。视频监控系统目前在全球都已经十分普及，无论大陆法系国家还是英美法系国家都或多或少在证据法或诉讼法方面对其有一定的规制，但英美法系国家证据法独立且非常发达，从证据法方面能够适用于视频监控证据的规则更多。而大陆法系一般没有独立的证据法，所以对视频监控证据从证据法角度进行规范的比较少（个别国家除外，如下文所述的比利时），而且很少专门在诉讼法中进行规范，只能通过对《刑事诉讼法》等法律的解释来进行规范，有时会通过单行法案的方式进行规范。由于英美两国对视频监控侵害公民隐私权问题关注最为密切，所以对视频监控进行规范的规则和学术研究都较为发达，所以以下重点介绍英美两国的视频监控证据的证据能力规范问题，并对其他几个国家，如新西兰、德国、法国、比利时规范视频监控证据能力的做法进行介绍。

一 英国对视频监控证据的证据能力规范

英国可谓是世界上视频监控最为发达的国家，英国总人口为5800万，全国各地的监控摄像头已达到420万个，平均每14个人就有一个监控摄像头，平均每个人每天要被视频监控拍摄300次，时间超过三个小时。仅在全国的地铁站，就有超过12000个摄像头进行监控。英国之所以建设如此多的视频监控系统，是为了防止北爱尔兰共和军的恐怖活动，同时也是为了降低犯罪的发生率。在 2005 年的伦敦地铁爆炸案中，视频监控证据在案件的破案和侦查中发挥了重要作用，更进一步强化了英国人对视频监控系统在犯罪预防和侦查中的信心。[①]

在英国，目前视频监控证据在刑事案件的侦查、起诉中主要发挥以下几个方面的证明作用："1. 利用视频监控分析犯罪嫌疑人的特征，将画面与犯罪嫌疑人进行特征比对，得出犯罪嫌疑人是否同一的结论；2. 利用视频监控画面中显示的人物衣着特征排除或认定犯罪嫌疑人；3. 利用视频监控对特定犯罪嫌疑人进行跟踪和监控，即利用密布的视频监控系统对特定犯罪嫌疑人的踪迹进行监控；4. 在起诉、审判中，直接利用视频监控中对人、物品、车辆等监控客体进行同一认定，并以此作为诉讼证据。实际上，在很多案件中，当在侦查中对犯罪嫌疑人出示视频监控证据之后，犯罪嫌疑人就会主动坦白罪行而不再保持沉默。"[②]

因此，视频监控证据对于刑事案件来说，发挥着相当重要的作用，尤其是在英国这样对视频监控系统建设投入了大量资金、人力和物力的国家来说，更是要充分发挥视频监控证据在诉讼中的作用。英国警察在办案中都知道，当抵达犯罪现场时，无论是谋杀案还是强奸案，第一件要做的事情就是尽可能获得所有的视频监控资料，这是犯罪侦查中不变的主题，英国警察甚至认为视频监控系统的出现具有和 DNA 同样巨大的意义，对于每个警察来说，每周甚至每天在办案中都要收集视频监控资料。有统计表明，45% 的警察平均每月收集视频监控资料的次数超过 10 次，其中 60% 以上的警察每周至少要收集视频监控资料一次以上，而 76% 以上的警察至少每月要收集视频监控资料一次。

在证据的收集程序方面，英国各地收集视频监控证据的程序大致差不多，警察需要特别注意保持视频证据的连续性，在犯罪发生后，要尽可能快地搜集到视频证据，并建立完善的提取和保管链条（比如通过将视频监控证据密封起来）。调研发现，在收集的视频监控证据中，大多数

---

① 郝宏奎：《视频证据在刑事诉讼中的功能及其发展前景——从伦敦地铁爆炸案谈起》，载何家弘主编《证据学论坛》第 14 卷，法律出版社，2008，第 271 页。

② 徐雯、何洪源：《英国警方的 CCTV 战略与刑事侦查》，《中国人民公安大学学报》（自然科学版）2009 年第 3 期。

来自公共部门，比例大约为53%，而从私人处（个人或私营企业等）收集的视频证据则占28%左右，通常来说，私人提供的视频监控证据难以满足警方的要求，因为私人缺乏足够的时间和金钱保持视频监控系统的质量和运行。但无论如何，总体上大多数警察都能在收集视频监控证据时满足办案的需要，或者虽然有一些问题，但最终能够达到目的。在收集到视频监控证据后，并不意味着就万事大吉了，警方还要继续完成以下几个方面的工作：①视频监控证据的保存；②解决不同视频监控系统的质量、操作等问题；③准备并提供证据给法庭；④编辑视频监控资料，使其更加直观完善，但又不能改变其内容。

对于视频监控证据的可采性来说，合法的收集程序和方法是至关重要的。为获得合法性，视频监控证据必须在保护公民隐私权的前提下获得，因此必须遵循《警察与刑事证据法》《控制侦查权力法案》《刑事司法与公共秩序法》等法案的要求。可见，对于视频监控系统下的隐私权保护问题，英国在一系列普通法和制定法下搭建了隐私权保护的框架。这一框架包含大量的国内法律法规，除此之外还有欧盟的相关法律。欧盟制定的《欧洲人权公约》，每个成员国都必须转换成内国法，英国在这方面较为积极，对于公民信息的保护、隐私权的保护等方面立法较多，以保持与欧盟立法的一致。1998年，英国制定了《信息保护法》，2000年，英国又颁布了《信息保护令》。《信息保护法》明确规定了对公民数据保护的原则、公民对个人信息的权利以及违反该法的救济途径等；而《信息保护令》则对《信息保护法》的若干内容进行了更为详细的规定。另外，英国还在1998年制定了《人权法案》，这一法案是对《欧洲人权公约》的吸纳。在该法案中的6.1 – 6.6和7.1 – 7.11条专门对闭路电视监控与公民隐私权的问题作出了原则性的规定，据此，操作和管理闭路电视系统的机构，不得以任何形式违反《欧洲人权公约》和《人权法案》的相关规定。

尽管如此，英国国内还是不断有人批评法律对隐私权的保障太弱，英国国内的隐私权团体担心随着国际反恐局势的日益紧张，英国会更加依赖视频监控系统，进而限制公民的集会权和言论自由权。更为严重的是，政府有可能会在无令状的情况下截听公民的电话和电子通信。他们还认为，1998年的《信息保护法》在保护公民免受视频监控系统的隐私权侵害方面，只能发挥极其有限的作用，即便这一点有限的作用，也只能通过对《信息保护法》进行扩大解释，才能适用于闭路电视监控系统。

为应对国内的这些批评之声，英国加快了相关的立法步伐，其中最为显著的成就是 2000 年《控制侦查权力法案》的通过，[①] 该法案是为了与欧洲议会制定的规则指引相协调而出台的。法案中对于《信息保护法》中的若干不足进行了补充，强化了在监控措施中对司法令状的要求，对于所有的侵犯性监控措施，都要求进行司法审查，包括对住所、私人车辆、其他任何个人有隐私期待权的地方，如医生办公室或药房等。法案还将未经批准擅自进行监控的行为规定为犯罪行为。虽然这一法案并非专门针对视频监控系统，但在某种程度上，可以对视频监控系统在刑事司法中的滥用设置一些法律限制措施。

另外，1994 年的《刑事司法与公共秩序法》也对视频监控作出一定的规范。该法授权地方政府安装、维护、运作视频监控系统，并为视频监控系统提供电子通信支持。因此，通过该法，地方政府可以建设视频监控系统，并可以通过视频监控系统收集信息。

在英国的判例中，对视频监控及隐私权关系影响最大的是派克诉英国案。派克是英国公民，因患有抑郁症而在街道上用厨刀割伤了自己的手腕。这一情况被警方的视频监控录了下来，视频监控操作员立即通知了附近的警察，并为派克呼叫了急救车。随后，根据 1983 年的精神卫生法，派克被警方拘留。根据地方议会的相关决议，警方可以向媒体公布视频监控的片段。于是，派克的相关照片和视频被公布到当地的报纸和电视上，虽然采取了一定的技术措施，但仍能清楚地辨别派克的面孔。派克得知这一情况后，曾寻求行政救济，但无济于事，最终他选择了起诉。英国的高等法院驳回了他的起诉，认为警方的行为符合《刑事司法与公共秩序法》的要求，该法授权地方政府可以为了防止犯罪和增进公众福祉而使用视频监控系统。因此地方政府可以按照法律要求发布视频监控的片段。于是派克上诉到欧洲人权法院。

---

① 当然，该法案的主要目的是限制侦查权力，而不仅在于保障公民的隐私权，但隐私权保护在其中占据了相当重要的部分。

　　欧洲人权法院认为，在《欧洲人权公约》第 8 条的规定下，个人在家中之外的场所也有与他人交往的较为私密的空间，这种私密空间可以界定为"私人生活"范围。当一个人走在街道上时，他可能被其他所有人看到，这时如果视频监控系统拍摄到他，并不就是侵犯了他的隐私权。但是，视频监控录像的使用则可能涉及隐私权问题。考虑到本案中派克没有反对他被视频监控系统拍摄到，法院将焦点集中在将他的图像散发到社会公众之中的问题。因为派克在街道上的目的并不是参与某项公众活动，他并不能意识到自己的行为会被多大范围的公众看到、发现，所以将他的图像散布到社会公众中对他的私人生活造成了严重的干扰。但是，法院也同时指出，视频监控系统给个人造成的干扰如果是为了防止犯罪或增进犯罪被害人的福祉，就是正当的。为了证明正当性，需要对视频监控系统给个人造成的侵扰和社会公共利益进行必要的衡量。最终法院认为，本案中对派克的图像的散布是完全没有必要的，是可以避免的，也没有必须要维护的公共利益，因此，这种散布行为是违法的，不符合《欧洲人权公约》第 8 条规定的精神。

　　这一判例对于英国的视频监控系统来说意义重大，它从宏观上界定了视频监控系统的目的，尤其是对于散布视频监控资料进行了严格的规范，使英国视频监控资料的散布大为减少。自这个判例之后，就产生了一个对于散布视频监控资料的严格标准，这一标准使视频监控资料的使用更规范，视频监控也获得公众更多的支持，而不是反对。

　　在英国，除了上述官方的努力之外，一些民间的团体也为视频监控与隐私权保护之间的协调问题作出努力。如"闭路电视监控系统使用者团体"就是这样一个民间团体。该团体用两年的时间制作完成了一个《CCTV 模范程序和操作手册》，该手册的主要理念就在于"尊重其他人的私人生活和家庭生活"。除非国家安全、犯罪预防、经济安全及保护人民等需要，国家不得侵犯他人的私人生活。该团体希望英国的各个地方政府能够采纳其制定的这本手册，以保护英国公民的隐私权。这个团体还就这个问题和英国内政部取得了联系。最终内政部也注意到了这个团体的努力，要求各个地方政府设法筹集资金去实施《CCTV 模范程序和操作手册》以及该团体制定的其他文件，目前已经有超过 200 个地方政府着手进行这一工作。

从以上英国对视频监控系统与隐私权保护之间关系的处理可见，在视频监控系统非常发达的英国，对于隐私权的保护问题也有许多未能解决的疑问，虽然国家试图通过立法对这一问题进行规范，但因立法的繁杂、模糊，并未提供一个清晰的法律框架。但总体上看，由于英国国内对视频监控系统的支持力量还是大于反对力量，因此在英国要对视频监控系统进行非常严格的限制是不太可能的，只能在视频监控系统不断扩大、增加的趋势下，尽可能在现有的法律框架下对公民隐私权进行妥善的保护，尤其是对视频监控资料的使用，严格制约政府的滥用行为。在侵害隐私权的视频监控证据的证据能力问题上，英国的立法并没有明确规定，但在理论上应当是按照一般非法证据进行排除。因为英国的法官在普通法上对排除证据有较大的自由裁量权，且《警察与刑事证据法》保留了法官的这一权力，[1] 所以在排除视频监控证据上，法官要根据视频监控证据的证明价值与其造成的隐私权损害结果综合权衡来判断是否应当将其排除。

二 美国对视频监控证据的证据能力规范

在美国，警方最先采用视频监控系统对街道进行监控的地方是新泽西州的霍博肯市和纽约州的奥利安市，然而，这两个地方的视频监控系统运行一段时间后就被放弃了，因为当地官方认为，这些视频监控系统并没有发挥实效。最近几十年间，美国的视频监控系统也迅速发展，在刑事诉讼中，视频监控证据也发挥着越来越重要的作用。但在美国，对于视频监控系统的争议很大，最大的争议就在于很多人认为处处存在的视频监控系统对公民隐私权造成了极大威胁。[2] 另外，虽然警方宣称安装

① 〔英〕克里斯托弗·艾伦：《英国证据法实务指南》，王进喜译，中国法制出版社，2012，第259页。

② Robert D. Bickel, Susan Brinkley & Wendy White, "Seeing Past Privacy: Will the Development and Application of CCTV and Other Video Security Technology Compromise and Essential Constitutional Right in a Democracy, or Will the Courts Strike a Proper Balance?" *Stetson L. Rev.* 33 (2003): 299。

视频监控系统可以大大降低城市犯罪率，但并未真正发挥减少犯罪的作用。

　　尽管存在很多争议，但不可否认的是，在刑事诉讼中视频监控证据发挥着重要作用，尤其是在发生在街头的轻罪案件中，视频监控证据是决定性的证据。实际上，自水门事件之后，司法界就认识到音像类证据在案件中的重要作用，无论是录音证据，还是录像证据，在警方打击犯罪中都发挥着重要作用，对于有些犯罪来说，音像类证据尤其重要，如毒品犯罪、有组织犯罪和白领犯罪（包括欺诈、腐败等犯罪）。如果罪行被监控设备录下来，被告认罪的可能性就非常大，控方也会对判决更有信心，辩方律师在这种情形下则会鼓励被告人进行认罪答辩。

　　在美国，视频监控证据被归类为《联邦证据规则》第1001条中的照片类证据，各州做法也类似，都将视频监控证据作为照片的一种。在美国的证据法理论中，对于音像类证据，有"演示性证据理论"和"沉默证人理论"两种不同的理论。前者只是将音像类证据作为证人证言的辅助性证据，不具有独立的证明作用，只有在证人作证并且证明音像证据与其证言一致的情况下，音像证据才具有可采性。而在"沉默证人理论"下，音像类证据本身具有独立的证明作用，不需要有证人对音像证据的内容进行证明，在 *R. v. Taylor* 案例中，法院对录像证据不需证人证言即可独立证明案件事实进行了如下评述：

　　　　问题在于录像证据是否能够真实而形象地证明案件现场的情况，而不是仅仅用于阐明证人证言的内容。如果录像是有关联性的、实质性的而且是可靠的，那么它就具有实质性的证明力。

　　对于视频监控证据来说，其可采性的前提为关联性，而关联性的判定则取决于取证程序的可靠性，也就是说，必须通过鉴真程序证明取证程序不会导致视频监控证据发生歪曲、变形等情况。[①] 这也就是美国《联邦证据规则》第9章所规定的鉴真程序。为满足鉴真的需求，证据提出方必须以其他证据证明视频监控证据如实记录了案件的相关情况且没有

---

① 关于鉴真程序，请参见王进喜《美国〈联邦证据规则〉（2011年重塑版）条解》，中国法制出版社，2012，第312页以下。

发生改变或替换，建立视频监控证据的可靠性。鉴真主要集中于以下几个方面：①地点；②日期；③时间；④画面的局部或整体变化。对于地点的鉴真一般并不困难，但对于时间来说，有的视频监控系统不能自动记录时间，此时则需要对准确的时间进行证明。在视频监控证据的完整性和可靠性的鉴真方面，对于模拟信号的视频监控证据来说，一般需要以完善的保管链条证明其未曾被修改、替换，而对于数字信号的视频监控证据来说仅提供完善的保管链条是不够的，因为数字信号是存在于数字化存储媒体上的，因此在本质上具有容易被修改的特性，所以在对视频监控证据进行的鉴真中，应当以专家证人等方式证明视频监控证据自提取后未曾发生人为的修改或变化。但另一方面，对视频监控证据进行必要的编辑并不意味着就不符合上述鉴真要求，只要进行编辑的人对编辑过程进行妥善的说明，使法庭对视频监控证据可靠性没有怀疑即可。但是，如果对视频监控证据的编辑影响到可靠性，就会导致其不具有可采性，如压缩过度而产生了重影或假象，就会导致该证据不具有可采性。①

但对于视频监控证据可采性更为重要的判定标准为其合法性，即是否因侵害公民隐私权而构成宪法意义上的非法搜查获得的证据。美国宪法字面上并没有关于隐私权的明确规定，但隐私权可以从其宪法第三、第四、第五、第九、第十四修正案以宪法解释方法解读出来，②而与刑事诉讼中证据问题最为密切的当属第四修正案。美国宪法第四修正案规定："人人有保障人身、住所、文件及财物的安全，不受无理搜查和扣押的权利，此项权利，不得侵犯；除非有相当理由，加上宣誓或誓愿保证，并具体指明必须搜查的地点，必须拘捕的人，或必须扣押的物品，否则一概不得颁发搜捕令。"③ 根据该修正案，若警察的行为不构成搜查或扣

① James A. Griffin, "A Prosecutor's Guide to obtaining and Presenting Audio and Video Evidence," *DEC Prosecutor* 29 (1995): 30.

② Robert D. Bickel, Susan Brinkley, Wendy White, "Seeing Past Privacy: Will the Development and Application of CCTV and Other Video Security Technology Compromise an Essential Constitutional Right in Ademocracy, or Will the Courts Strike a Proper Balance?", *Stetson L. Rev.* 33 (2003): 299.

③ 参见〔美〕罗纳尔多·V. 戴尔卡门《美国刑事诉讼——法律和实践》，张鸿巍等译，莫洪宪审校，武汉大学出版社，2006，第586页。

押，就无须遵循令状原则，也不需要合理根据，但如果构成搜查和扣押，除非特定情形外，都需要法官签署令状，并且需要具备合理根据或合理怀疑，如果不符合这些条件，就属于非法搜查，所获得的证据就必须进行排除。所以，厘清搜查和扣押的定义就是非常重要的一步。将搜查与隐私权联系起来的，是美国联邦最高法院的一个判例卡兹案（*Katz v. United States*）。①

从第四修正案的字面上看，并无关于人们享有隐私权的任何规定。对于搜查和扣押中隐私权问题的确定，是以美国联邦最高法院判例的形式出现的。在卡兹案中，美国联邦最高法院改变了以往根据财产权而界定警方的行为是否构成搜查的标准，而探寻一种新标准，将隐私权作为警方行为构成搜查的标准。大法官斯图尔特指出："第四修正案保护的是个人，而不是场所。"同时，他对隐私权进行了更详细的解释："个人明知会暴露于公众视野之下的东西，即使是位于他自己的家里或办公室里，也不属于第四修正案的保护对象。""他试图作为隐私加以保护的东西，即使位于公众可以进入的场所，也会受到宪法的保护。"② 尽管如此，隐私权依然难以界定，因为它本身是一个模糊、因人而异的概念，③ 那么，何时公民才能享有法律承认的隐私权呢？大法官马歇尔的协同意见填补了这一空缺，他认为"该案判决仅仅在于：电话亭与住宅类似而有别于开放区域，因此，在电话亭里，个人享有宪法保护的'合理的隐私期待'"。因此，真正作为第四修正案中搜查的应用定义就源于马歇尔法官的上述文字。马歇尔法官对此进一步解释："合理的隐私期待包括主观要件和客观要件两个方面，首先，个人必须表现出一种真实的主观隐私期待；其次，他必须证明他所表现出来的是能够被社会公众认可的合理隐私期待，或者，这种期待是具有合法性的期待、具有正当理由的

---

① 389 U. S. 347（1967）. 该案的主要争议问题在于，联邦执法官员将一个电子窃听装置安装在卡兹打电话的电话亭外，对卡兹的电话内容实施了无证监听，这一监听是否合法，是否构成第四修正案中的搜查案件。
② 〔美〕约书亚·德雷勒斯、艾伦·C. 迈克尔斯：《美国刑事诉讼法精解》（第一卷），吴宏耀译，北京大学出版社，2009，第72页。
③ Quentin Burrows, "Scowl Because You're on Candid Camera: Privacy and Video Surveillance", *Val. U. L. Rev.* 31（1997）：1079.

期待。"① 如果缺少了上述标准中的任何要件，那么警察的行为就不构成第四修正案中的"搜查"。但大法官们也认识到了主观要件的内在危险，因而对客观要件进行了较多的探讨。正如大法官马歇尔所言，真正的焦点应集中在客观期待方面。所谓客观期待，其标准在于"能够被社会公众认可的"合理期待，将隐私的合理期待纳入一种规范分析方式。②

依照上述美国联邦最高法院的判例，视频监控证据的获得是否构成宪法上的"搜查"呢？要判断视频监控证据是不是"搜查"的产物，首先要对人们在视频监控系统下有无"合理的隐私权期待"进行探讨。

从联邦宪法的角度来看，在卡兹案确定的原则之下，当人们离开住所而身处公共场所时，就只能享有极为有限的隐私期待权。例如，美国联邦最高法院曾在判例中认为，在法定可航行的高度从飞机上拍摄的工厂厂区照片，并不违反宪法第四修正案。另外，美国联邦最高法院还曾在案例中指出，使用人工照明措施并不构成第四修正案中的搜查。除此之外，美国联邦最高法院还在其他一系列案件中，对是否具备合理的隐私权期待进行了阐释。例如，在住宅外的垃圾袋中搜索并不构成搜查；在开放场域（open field），人们不能以合理的隐私期待权对抗州的特工人员；在高速公路上行驶的汽车中，人们不能具有合理的隐私期待权；当警方用笔式记录器获取拨打的电话号码时，当事人对电话号码也不享有隐私期待权；当事人对警方线人通过携带录音设备而录制下的谈话内容，不享有隐私期待权；在涉及毒品的案件中，法官对隐私期待权的限制更为严格，在一个案件中，警方通过私人飞机在1000英尺的高度观察当事人后院中栽培的大麻，法官认为这并不构成宪法上的搜查，当事人也不享有合理的隐私期待权。③

因此，在隐私期待权的判断方面，美国联邦最高法院的态度实际上非常严格，正如美国学者所说："如果一个人想发现，卡兹案之后基于隐

---

① 参见〔美〕约书亚·德雷勒斯、艾伦·C. 迈克尔斯《美国刑事诉讼法精解》（第一卷），吴宏耀译，北京大学出版社，2009，第73页。

② 参见〔美〕约书亚·德雷勒斯、艾伦·C. 迈克尔斯《美国刑事诉讼法精解》（第一卷），吴宏耀译，北京大学出版社，2009，第77页。

③ Quentin Burrows, "Scowl Because You're on Candid Camera: Privacy and Video Surveillance", *Val. U. L. Rev.* 31 (1997): 1079.

私理论所作的判决与根据卡兹案之前财产权侵害分析方法可能产生的结果之间会有什么不同，那么，他几乎是一无所获的。"① 在这种情况下，美国联邦最高法院不太可能将警方在公共场所的视频监控界定为宪法上的搜查，因为美国联邦最高法院的态度在前述案例中已经较为明确：在公共街道上，个人没有合理的隐私期待权。因此，从美国联邦最高法院的角度来看，不太可能给个人提供对抗警方视频监控的隐私权保护，也不可能会因为视频监控证据未获得司法令状而将其排除。

美国联邦下级法院虽然总体上是遵循联邦最高法院对隐私权的原则，但有些下级法院也作出了一些不一致的判决。例如，夏威夷的联邦巡回法院在一个案例中判定警方没有获取令状而用望远镜查看当事人正在读取的内容是侵害了其隐私权，法院认为，警方并不能因为社会上存在大量的偷窥者，就能使自身的监视和偷窥行为合法化。在美国诉托雷斯案（*United States v. Torres*）中，联邦第七巡回上诉法院认为，正如在整个西方社会所认识到的那样，电视监控是一种具有极大侵犯性的侦查措施，可能会彻底扼杀公民的隐私权。在该案中，伊利诺伊州北部地区的联邦地方法院授权警方在公寓的所有房间中安装电子监听器和视频监控设备，第七巡回上诉法院的波斯纳（Posner）法官代表法院作出这一判决，他认为这一领域应当由国会立法加以解决。但是上诉法院总体上不认为对犯罪嫌疑人的视频监控是违宪行为。

其他联邦下级法院的很多判例都是支持警方的视频监控的。如在美国诉梅萨林科案（*United States v. Mesa-Rinco*）中，联邦第十巡回上诉法院判决对堪萨斯州的一个建筑中的造假活动进行秘密录像的授权是合法的。法院认为，对言语交谈的窃听与录像在本质上是相同的，即使录像在性质上更具有侵犯性。政府在证明其行为合法性上承担着越来越大的责任，因为在这个建筑中有一种"中等程度"的隐私期待权。在另一个案件中，法院判决认为，在商业建筑中的隐私期待权相比政府进行视频监控的需要来说，是可以忽略不计的。在一个案件中，法院甚至判决秘

---

① 参见〔美〕约书亚·德雷勒斯、艾伦·C. 迈克尔斯《美国刑事诉讼法精解》（第一卷），吴宏耀译，北京大学出版社，2009，第79页。

密特工录制的包含一个陌生男子手淫画面的视频也具有可采性。

在美国联邦下级法院的这些案例中,值得指出的一个重要问题是政府对具体对象的监控与对整个社会公众的监控之间的区别。虽然在很多案例中,法官也认识到视频监控对隐私的侵犯性,但是警方总是能够在诉讼中指出具体的监控对象,也就是说,警方并非是监控所有的社会公众。为了理解何谓"对具体对象的监控",就必须从美国的制定法中寻找答案。

美国国会一直拒绝制定针对国家对公民进行视频监控的相关法律。但为了回应联邦最高法院在卡兹案中的判决意见,国会通过了《1968 年犯罪控制与街道安全综合法案》的第 3 章(Title Ⅲ of the Omnibus Crime Control and Safe Streets Act of 1968),该章规范的范围包括秘密地对公民之间通过电子、有线或口头交流的通信内容进行监控,但不包括视频监控。根据该章要求,警方在进行对公民通信的监控之前,必须向法院提出申请,在申请中必须列举出犯罪嫌疑人所涉及的犯罪。只有在符合下列四个条件的情况下,法官才会发布搜查令状:①存在合理的根据;②案件的性质需要;③存在必须进行监控的理由;④最小限度的监控。然而,对于警方申请对公民进行视频监控是否适用该章条款、如何适用的问题,国会却只字未提。一些美国联邦下级法院通过扩大解释,将该章适用于视频监控,另一些联邦下级法院则认为该章根本不适用于视频监控。可见,由于该章并未明确将视频监控包含在内,导致美国联邦下级法院在适用法律时出现不一致,即使在性质上视频监控的侵犯性要大于对通信的监控。正如美国联邦下级法院在某些判例中所言:"视频监控的侵犯性要远远大于对声音的监控,正如脱光衣服的搜查的侵犯性要远远大于轻拍搜查。"但遗憾的是,美国国会在立法中并未解决这一问题。国会一直在扩大和完善对其他监控方式的立法,但对于针对特定对象的视频监控与针对社会大众的视频监控问题,国会却一直未进行立法规范和研究。

美国国会在 1994 年制定了《联邦信息监控法》,该法主要规范的是对国外特工所实施的监控,并非针对美国公民。该法还规定了证据的排除程序、法官的不公开审查程序、意外获得的信息的销毁等。在解释该法时,美国律师手册第 9 章明确说明当有合理的隐私期待存在时,对国外特工的监控必须取得司法令状。然而,当对街道上的美国公民实施视频监控时，警方却不必遵守该法的规定，也不必遵守《1968 年犯罪控制与街道安全综合法案》第 3 章的规定，因为这些法律根本不适用于对本国公民的视频监控。

因此，在制定法层面，对于视频监控的规制来说，美国目前欠缺联邦层面的立法，目前已有的法律和判例不一致、没有实效，并且因为美国国会没有阐明立场而造成了法院适用法律上的不一致。随着视频监控的普及，需要对此有一个明确的规制原则，但美国国会和美国联邦最高法院在某种程度上都回避了这一问题。

在州层面，美国各州对于视频监控与隐私权之间的关系态度不一，有些州注重州利益的保护，对人们隐私权限制较大，有些州则相反。美国的很多州都在其宪法和判例中有明确的保护隐私权的条款，如阿拉斯加、加利福尼亚、佛罗里达、夏威夷、伊利诺伊、密歇根、蒙大拿、新罕布什尔、俄勒冈、宾夕法尼亚、得克萨斯等州，在州宪法中都有明确的隐私权条款。有些州还同时根据联邦最高法院的判例对官方的搜查和扣押进行限制，包括有线的和电子的通信监听。但是，许多州都允许在因公共利益需要时进行视频监控。实际上，在司法实践中即便视频监控会造成个人的精神痛苦，在打击犯罪的需要面前个人利益也必须让步于公共利益。

在卡兹案的原则下，美国州法一般都允许进行视频监控。在里克斯诉马里兰州案（*Ricks v. State*）中，马里兰州巴尔的摩市警方按照法官的命令对一个被告人称为加工场的场所进行秘密的、非当事人同意的视频监控，监控的目的是调查被告人的毒品加工行为，因为警方怀疑被告人在这个场所进行毒品加工、包装。在逮捕被告人之后，被告人认为警方的秘密视频监控违反了马里兰州的《有线监听及电子监控法案》以及美国联邦宪法第四修正案。马里兰特别上诉法院支持下级法院颁发的授权监控的搜查令状，上诉法院认为，按照马里兰的《有线监听及电子监控法案》，该搜查令状的颁发是合法的。马里兰的《有线监听及电子监控法案》是按照美国联邦的《犯罪控制与街道安全综合法案》制定的，法案中并没有对视频监控进行规定，因此法院认为该法案并不适用于视频监控这种监控形式。而对于被告人所主张的警方监控违反宪法第四修正案的问题，法院认为，被告人如果要排除警方的视频监控证据，就必须提出其对于被监控场所有合理的隐私期待权。法院引用史密斯诉马里兰州案（*Smith v. Maryland*）中的判决意见，认为被告人为支持其主张，必须以其行为来表示他对于场所的隐私期待权，即他在这个场所有些不想为人知的东西，并且这个隐私期待权必须是社会上能够接受的，也就是说，根据客观情况综合判断，被告人的隐私期待权必须是能够合理论证的。

美国有些州在允许进行视频监控的同时，也对监控的范围、方式等进行严格规范，以保障公民隐私权。如有些州在宪法条款中明确禁止警方采用能够放大镜头的街道视频监控系统，或者其他具有侵犯性的监控设备。对于监控场所的范围也有很多判例进行限制，如在夏威夷诉邦内尔案（*Hawaii v. Bonnell*）中，法官判决警方在员工休息室安装的视频监控设备是违反夏威夷宪法的，该案中，警方安装视频监控设备是为了调查员工的赌博行为，且警方未经法官批准。

近年来，美国各州在立法上也不断完善对视频监控的规范，这些州的立法也显示出公民隐私权与其他价值之间的冲突与协调。加利福尼亚州的立法团体提出一个法案，该法案意图禁止学校的董事会在该学校所有的公共场所都安装视频监控设备，除非学校董事会事先声明安装视频监控设备的目的和用途，但是这个法案没有获得州长的批准。新泽西州则通过一项立法，将对私人场所进行的秘密视频监控规定为犯罪行为。纽约州通过的立法禁止对特定的房间进行视频监控，包括更衣室、休息室、厕所、浴室、洗衣房或其他向公众提供商业服务的场所，或者旅馆中分给顾客的房间；在未经顾客同意的情况下，对上述场所、房间进行视频监控是犯罪行为。罗得岛通过的法案则允许安装新的带有声音录制功能的视频监控设备，该设备将协助州警方减少与饮酒相关的交通事故案件。[1]

由以上对美国联邦及州层面对视频监控与公民隐私权之间的关系处理

---

[1] Robert D. Bickel, Susan Brinkley & Wendy White, "Seeing Past Privacy: Will the Development and Application of CCTV and Other Video Security Technology Compromise an Essential Constitutional Right in a Democracy, or Will the Courts Strike a Proper Balance?'", *Stetson L. Rev.* 33 (2003): 299.

的介绍可见，即便在法律创设较为灵活、科技发达的美国，关于视频监控与隐私权之间如何协调，也没有明确统一的做法。在联邦层面，现行的判例实际上没有明确规范视频监控问题，尤其是关于公共场所如何进行视频监控、是否侵犯隐私权的问题。而国会则拒绝在立法上对这一问题进行规范。不过，从美国联邦最高法院以往的判例精神来看，很难将在公共场所安装的视频监控系统视作是一种宪法上的"搜查"措施，也很难以此种监控是侵害公民隐私权为由而将视频监控证据排除，除非这种视频监控证据是安装在公民具有合理的隐私期待权的场所，如更衣室、卫生间等地方。各州的立法和判例也很不统一，有的州对于视频监控规范较为严格，要求不得对具有隐私期待权的地方进行监控，并且监控设施不得具有其他侵犯性的功能。但有的州则以州利益为主要考虑，未对视频监控进行严格的限制。

出于对视频监控系统的普及对公民隐私造成危害的不满，美国学者对视频监控系统下隐私权保护现状进行了较为激烈的批判，很多学者主张，应当放弃卡兹案中确立的原则，将关注点聚集在公共场所中，确立公民在公共场所中的合理隐私权，严格限制公共场所的视频监控。例如，有学者指出，即便个人身处公共场所，也依然应当对自己的行为、言语享有合理的隐私期待，如与别人的小声交流、所阅读的内容等，而且，在某些情况下，即便有一些有隐私期待的行为，个人也迫不得已只能在公共场所进行，如在书店、音像店等地方寻找一些法律禁止的书籍、音像制品，或者寻求别人的帮助等。在这些情况下，他的隐私期待并不因身处何地而受到影响，法律应当承认在公共场所的合理隐私期待。[①] 另外，隐私权也并非一个静止的概念，它要随着社会的发展、科技的进步而不断发展。目前的视频监控系统功能越来越多，可以进行追踪监控、视频放大、生物特征及面部识别、自动检测等，这些功能无疑是对公民隐私权具有极大侵犯性的，即便公民处于公共场所时，也是如此。因此，

---

① Carla Scherr, "You Better Watch Out, You Better Not Frown, New Video Surveillance Techniques Are Already in Town", I/S: J. L. & Pol'y for Info. Soc'y 3 (2004): 499; Marc Jonathan Blitz, "Video Surveillance and the Constitution of Public Space: Fitting the Fourth Amendment to a World that Tracks Image and Identity", Tex. L. Rev. 82 (2004): 1349.

随着新型技术的发展，立法和司法必须修正对视频监控及隐私权问题的态度，对公民隐私权提供更加积极的保护。[①] 对于公民在视频监控系统下的图像的保存、使用、修改、销毁等问题，也应由严格的法律进行规制，以防止公民隐私外泄。[②]

为了应对日益具有侵犯性的视频监控系统对公民隐私权的威胁，美国有学者提出了一个限制视频监控系统的法案建议稿，主要目的是限制各州对公共场所视频监控系统的安装、使用，并规定了相应的法律后果，虽然未对私人场所的视频监控系统进行规范，但作者说明州在采取建议稿时，可以增加对私人场所视频监控的限制。在这一建议稿的规定下，警方可以针对特定对象进行视频监控，但不得随意将监控扩大到整个社会公众。即便在安装了 24 小时监控的区域，警察的监控范围也仅限于特定的对象和场所。该建议稿的全文如下：[③]

（1）所有的视频监控操作员都必须是经过培训的专业警察或者联邦特工；

（2）视频监控操作员应当向被监控对象告知其已经被监控，或者必须就警方的视频监控行为提供一个长期的向公众的告知，所有公众都应有权对警方的视频监控发表书面意见，或者在公开的听证会上发表意见；

（3）视频监控操作员必须就合理的根据和政府的迫切利益而向中立的法官证明，视频监控是必须的，并且将遵循最小监控原则；

---

① Marc Jonathan Blitz, "Video Surveillance and the Constitution of Public Space: Fitting the Fourth Amendment to a World that Tracks Image and Identity", *Tex. L. Rev.* 82 (2004): 1349; Thomas J. Hickey, Christopher Capsambelis and Anthony LaRose, "Constitutional Issues in the Use of Video Surveillance in Public Places", *Crim. Law Bulletin ART* 39 (2003): 1; Mona R. Shokrai, "Double - Trouble: The Underregulation of Surreptitious Video Surveillance in Conjunction With the Use of Snitches in Domestic Government Investigations", *Rich. J. L. & Tech.* 13 (2006): 3; Christopher S. Milligan, "Facial Recognition Technology, Video Surveillance, and Privacy", *S. Cal. Interdisc. L. J.* 9 (1999): 295.

② Sharon Bradford Franklin, "Watching the Watchers: Establishing Limits on Public Video Surveillance", *APR Champion* 32 (2008): 40.

③ Quentin Burrows, "Scowl Because You're on Candid Camera: Privacy and Video Surveillance", *Val. U. L. Rev.* 31 (1997): 1079.

（4）为获得允许使用视频监控的令状，操作员必须具体描述监控的对象、时间、目的。获得视频监控的令状后，操作员必须每隔十天向法官报告，并证明合理根据及政府的迫切利益仍然存在，因此视频监控仍是必须采取的措施；

（5）未能遵循上述规则，通过视频监控所产生的证据将在司法程序中被排除；

（6）未能遵循上述规则，可能会产生刑事责任或者被解聘。在任何情况下，通过视频监控所获取的图像都不得为了牟利而利用、出版、散布，任何上述行为都可能会导致罚金或监禁；

（7）在州或州内各类法律、法规、习惯下，任何人如果通过视频监控侵害他人受宪法保护的隐私权，就必须对被害人所受的损失承担责任，无论是在法律程序中，还是在衡平法程序或其他任何索赔程序中。

上述建议稿对视频监控进行了非常严格的限制，要求进行视频监控必须首先获得法官的令状，并针对侵害公民隐私权的视频监控行为规定了非法证据排除、刑罚、民事赔偿等救济措施，体现出美国学术界对限制视频监控泛滥使用、保障公民隐私权的一种强烈愿望。当然，在美国目前的法律精神下，该建议稿被采用的可能性并不大，但至少说明了美国在视频监控社会下加强保护公民隐私的一种心理发展趋势。

三 其他国家对视频监控证据的证据能力规范

1. 新西兰

新西兰的视频监控系统也较为发达，据统计，新西兰普通公民每天被视频监控系统拍摄的次数约为 12 次，而且视频监控系统的功能极为强大，甚至可以通过监控摄像头读取公民的手机短信，因此对公民的隐私权造成了极大威胁。

在新西兰的刑事诉讼中，法官对于视频监控证据合法性问题的态度较为严格。近年来较为典型的关于视频监控证据是否合法的判例是哈米德诉女皇案（*Hamed v. Queen*），在该案中，11 名被告人被指控持有枪支、非法进行武装训练等罪名。警方在侦查过程中，事先取得了对被告人所在地点的搜查证，但警方在搜查过程中，秘密安装了监控摄像头，并在随后的一段时间内获取了大量被告人犯罪的有关视频证据。最高法院裁判认为，根据1990年的《新西兰权利法案》，即便警方已经合法取得了搜查令，但秘密安装监控摄像头的行为也是违法的。法官们进一步指出，即便在公共场所，警方也不可以任意做出法律禁止的行为，如果要安装视频监控系统，必须有明确的法律授权。这一立场显然比美国的要求更高，因为在美国，对于公共场所的视频监控系统是否需要额外授权还处于争议中。然而，在该案中，最高法院的法官们虽然认为警察的行为明显违法，却以案件性质较为严重为由，以3比2的多数裁决在被指控重罪的被告人的案件中，警方获取的视频证据是可采的。对于被指控轻罪的被告人的案件，证据则是不可采的，该案的裁判显示出对视频监控证据可采性裁决的较大的灵活性。

此案也显示出新西兰缺乏规范视频监控证据的应有规范。为此，新西兰政府积极推出一项法案的建议，政府认为，最高法院对哈米德诉女皇案的裁决会对警方的侦查造成极为不利的影响，因此希望通过法案扭转这一局面。然而，该法案一经推出，就遭到法律协会等团体的批评。几经修改之后，还是根据最高法院的判决意见进行了相应的调整。该法案第5（2）条规定，使用视频监控并不意味着这种"搜查"就必然是非法的，这就表明，警方进行视频监控需要搜查令，即便这种"搜查"是从个人所有的土地之外进行的监控，而不是像传统的搜查那样进入个人的土地或房屋进行物理搜查。这项规定说明，从个人土地之外进行的监控，至少在部分场合应当是合法的。即便最高法院在哈米德诉女皇案中作出警方行为违法的判决，但在有搜查令进入特定场所而安装秘密监控系统的情况下，这种"搜查"也未必是违法的。新西兰总检察长表示，这一法案并不和《新西兰权利法案》冲突，因为前者并未规定秘密视频监控一定是合法的。

2. 德国

德国的视频监控系统不如英美两国发达，但近年来也不断有呼声认为应当加强视频监控系统的建设。如德国媒体"德国之声"称，美国2013年4月发生的波士顿爆炸事件引发德国关于"是否增加部署公共监控摄像头"的激烈辩论。德国执政党基民盟的要员，包括内政部部长弗雷德里希和巴伐利亚内政部部长都援引波士顿的成功，主张扩大公共场所使用视频监控的范围。与此同时，德国司法部部长施纳伦贝格尔表示，不能将波士顿袭击当作影射德国国内事务的工具，"德国已经足够安全了"；宪法法院院长福斯库勒认为，必须有所节制，不能把公共安全寄托在遍布各个角落的监控摄像头上。① 虽然有反对的声音，但德国的视频监控系统还是不断在各大城市安装，甚至发展到有警察随身携带的视频监控系统，如法兰克福市开发出安装在巡警肩膀上的视频监控系统，以此更好地保留证据，加强社会治安。

《德国刑事诉讼法》第99条和第100a条对控方扣押信件、邮件、电报以及监视电讯往来进行了规范，但是并未规范影像监视。因此，按照德国理论界的一般观点，警察无须特别授权即可对犯罪嫌疑人的活动进行监视，因为任何人都不受在公共场合免受他人监视的保护，同时警察拥有采取各种"一般侦查措施"的权力。根据《德国刑事诉讼法》第100c条规定，如果其他侦查措施没有效果，警察可以对犯罪嫌疑人或其他人进行拍照或摄像，如果是对特别严重的犯罪的侦查，警察甚至可以使用特别的技术装备（例如红外线摄像机）进行影像监视和记录，这些措施在没有司法授权的情况下也可以实施以及对于何谓严重犯罪并没有明确界定充分表明了传统的观点，即对于犯罪嫌疑人进行影像监视没有对犯罪嫌疑人进行窃听更值得法律进行规制。② 由这些法律规定可以推断出，德国警方在公共场所安装的视频监控系统所收集的犯罪证据，不会存在违宪问题，可以合法地在诉讼中使用。

由此可见，德国对于视频监控证据的态度较为宽松，授予警方较大的权力，而不是像英美国家那样在个人隐私权与犯罪侦查之间进行衡量。

---

① 参见《"监控探头时代"来临，美城市将成监控下的金鱼缸》，http://news.xinhuanet.com/world/2013-04/22/c_124614340.htm。

② 〔德〕托马斯·魏根特：《德国刑事诉讼程序》，岳礼玲、温小洁译，中国政法大学出版社，2004，第127~128页。

但是，德国对于警方监听犯罪嫌疑人之间通信及通话的规范较为严格，认为国家没有权力窃听未借助电子媒介进行的谈话。对于非电子通信的现场谈话，在侦查需要的情况下，必须拥有司法授权才能实施监听。这就说明，警方不得使用可以进行录音的视频监控系统监听犯罪嫌疑人之间的谈话，而只能监控其行为。这表明德国较为重视语言上的个人隐私，而对行为方面的隐私权并不重视。

3. 法国

法国的视频监控系统数量较之英美两国要少得多。如果安装视频监控系统是为了获取他人的私密信息（如性方面的信息或私人财务方面的信息）是违法的，但是如果为了探视他人的商业活动或者政治活动，则是合法的。因近年来世界范围内恐怖袭击增多，法国也开始在各大城市部署视频监控系统防范恐怖活动。例如，在巴黎的商业区，警方安装了数百个视频监控摄像头进行 24 小时监控，莱班、鲁贝、圣格拉蒂安等城市也分别安装了视频监控系统。除城市街道外，法国的公共交通系统也使用视频监控系统来管理交通、监视交通拥堵、发现街头骚乱。在巴黎，地铁系统安装了数千个摄像头用于发现车厢内的犯罪。而国家高速交通系统也采取了同样的措施，并且能够发现 83% 以上的各类犯罪行为。在超市、机场等公共场所，也安装了很多视频监控系统。由于视频监控系统的普遍采用，轻罪率明显降低。

2005 年 11 月，法国议会通过了反恐法案，其中有一条就是宗教场所、交通枢纽以及高速路进出口等重点公共场所加装摄像头，反恐当局还有权在可能遭到恐怖袭击的场所临时加装摄像头。在视频监控系统的发展进程中，警方是视频监控系统的积极推动者，法国警察总局局长戈丹曾经表示，目前法国出于治安目的而安装的摄像头数量远远不足，不能满足保障治安所需。在公共场所安装视频监控系统，有助于震慑罪犯和违法活动，也有利于警方在一些案件中辨别和抓捕疑犯，对改善社会治安似乎不无裨益，一些住宅小区也开始安装摄像头，受到住户欢迎和支持。

在法国，对摄像头泛滥现象持怀疑批评态度的人也不在少数。有人质疑大规模安装视频监控系统的效用，认为这些监控摄像头只能使犯罪分子避开装有摄像头的场所，并不能防止和减少犯罪，这方面目前还没有定论。也有很多反对者担心个人自由和隐私遭到侵犯，认为无处不在的摄像头使人们在公共场所的一举一动都被警察和可能接触这些信息的人掌握，还有人担心这些信息被用于公共安全以外的目的，这种担忧与英美法系普遍存在的对隐私权的担忧是一样的。甚至法国的国家信息与自由委员会都曾公开对法国成为"监视型社会"表示担忧，要求在社会治安和个人隐私自由之间保持一定的平衡。目前，法国关于视频监控系统的安装和使用有具体的法律、法规，除了警察以外任何企业和个人都不得在公共场所任意安装摄像头。商场、餐厅等所有向公众开放的经营场所安装摄像头必须得到警察局的批准，同时有义务制作标牌告知顾客和员工，摄像头的工作范围只能在店内，不得拍摄超出经营场所的范围，拍摄信息的存储和使用也必须遵守有关规定。

但从总体上看，法国并无明确规范视频监控证据的证据能力的规则，至于是否采纳当事人提交的视频监控证据，很大程度上取决于法官的自由裁量，这也是大陆法系证据法并不完善的传统所致，所以法官在诉讼中的价值衡量对于视频监控证据是否能够作为证据使用起着关键作用。

4. 比利时

比利时位于欧洲的"十字路口"，是属于法国系的大陆法系国家。之所以特别介绍比利时的视频监控证据使用情况，是因为比利时是世界上少有的专门对视频监控进行立法的国家。在2007年之前，比利时的法律体系中能够规范视频监控系统安装、使用的法律只有1992年的《隐私法》，但随着视频监控科技的发展，比利时的立法者认为仅有《隐私法》不足以对视频监控系统进行规范，于是在2007年专门制定了《视频监控法》。

比利时《视频监控法》适用于任何旨在控制或监视特定地点以防止犯罪活动、骚乱以维持秩序的"固定的或移动的监控系统"，如果视频监控系统不是为上述目的，而是为其他目的而安装，则《视频监控法》不适用，由《隐私法》等一般法律进行规范。例如，维持交通秩序的视频监控系统或者为足球比赛而安装的视频监控系统就不适用于《视频监控法》。另外，《视频监控法》也不适用于在工作场所为保障安全、卫生或者保护公司财产以及控制生产流程而安装的视频监控系统，因为 1998 年的《集体劳动谈判协议》保护雇员的隐私权不受视频监控系统侵害。

比利时《视频监控法》主要包括以下几个方面的规范。

（1）视频监控系统必须由自然人或法人安装，安装视频监控系统的自然人、法人或者公共机构必须确定安装的目的以及处理公民个人信息的方式和方法。

（2）在不同的地方安装视频监控系统，安装者要遵守不同的义务。具体而言，不同场所按照公开程度可分为三类：开放场所（如公共道路、市场、停车场、街道等）、半封闭场所（商场、超市、百货公司、银行的公共区、保险公司的服务场所等）、封闭场所（私人住宅、公寓、工厂、农场、办公室等）。当难以区分一个地点属于哪种场所时，按照规范更为严格的场所来对待，如难以区分半封闭场所和封闭场所时，按照封闭场所处理。

（3）通过视频监控系统所获取的录像画面只可以用作法律规定的特定用途，不得经过处理用作其他用途。如前文所述，监控画面的用途决定了适用哪种法律，因此不可混淆用途。在视频监控系统管理者的利益及公民的隐私权之间必须达成一定的平衡。例如，夜总会可能会安装一个监控摄像头对门口的街道进行监控，以便于及早发现捣乱者，但是对于普通的路人来说，这种摄像头可能就显得没有必要，因此，对于夜总会的这种安装要求，就不应当批准。

（4）监控信息的录制、利用不可侵害公民隐私权，也不可用于收集个人的哲学、宗教、政治信仰，宗族、种族、性趋向以及健康状况等信息。

在比利时的《视频监控法》中，有如下几个显著的特点。

首先，在开放场所欲安装视频监控者必须获得政府和警察局的批准。得到授权后，安装者还必须通过在线通知程序将其安装及使用情况通知隐私委员会。如果安装者想在半封闭场所或封闭场所安装监控系统，就不必取得政府和警察局的批准。但是安装者在安装后需通知当地警察首长和隐私权委员会，或者只通知隐私权委员会。安装之后，应当在安装地点的入口处张贴明显的标志，对监控系统的存在进行告知。同时，《视频监控法》还规定了视频监控系统应当监控的范围以及应当由谁进行监控。

其次，在半封闭场所安装的监控系统应当进行实时监控，以便及时在发生犯罪、骚乱或破坏时采取行动。

再次，无论在什么场所安装的监控系统，所获取的证据只能用于搜集犯罪、骚乱的证据，以及用于寻找被害者或证人。如果所获得的图像不能用于上述目的，其保存期限不能超过一个月。

最后，《视频监控法》禁止安装秘密的视频监控系统。如果没有获得被监控者的同意，视频监控系统就是"秘密的"。这里所指的"获得被监控者的同意"并不是要求必须获得所有人的同意，而是要求进行告知，即在显眼处张贴监控录像的图像告知或文字告知。

虽然为了实施《视频监控法》的上述条款，还需要实施一些配套的法令，但在 2007 年 6 月 10 日之后所有安装的视频监控系统都要满足《视频监控法》的相关要求。在此之前安装监控系统的安装者必须在三年的过渡期之内实现《视频监控法》的相关要求。

综上可见，作为大陆法系国家的比利时，在世界范围内率先以立法形式对视频监控系统安装、证据使用、隐私权保护等方面进行规范，可谓先进。然而，对《视频监控法》依然有批评之声，其中主要的批评在于立法中的若干理念模糊不清。另外，安装视频监控系统的条件也并不十分明确，可能会有多种解释，对于刑事诉讼中视频监控证据的证据能力问题也没有完善的规范，所以仅靠《视频监控法》仍然无法判断视频监控证据是否具有证据能力。所以有人呼吁应当对《视频监控法》进行必要的修正或者以实施细则的方式对一些关键点进行说明。

四　对我国的启示

由以上对英美法系的英、美、新西兰以及大陆法系的德、法、比利时这几个国家刑事诉讼中视频监控证据的证据能力规范及理论的简要介绍，可以看出，在视频监控证据的证据能力规制上，英美两国明显优于大陆法系国家，其原因主要在于两个方面：其一与英美两国视频监控系统使用的普遍性和长期性有关；其二与两国在法律上对证据能力的规范更为严格有关，尤其是涉及隐私权保障的证据能力规制方面。所以，从比较法角度来看，上述国家在对视频监控证据的证据能力问题而设置的法律规范中，既有共同点，也有不同点。共同点在于各国在对视频监控证据的合法性问题进行规范时，其焦点在于保护公民隐私权不受国家安装的视频监控系统侵害。英美法系还非常重视视频监控证据的客观性、可靠性，将其作为证据能力的要件之一。而不同点在于各国对视频监控证据的证据能力规范宽严不一，法官享有的自由裁量权大小不一。从以上对各国做法的介绍来看，对我国规范视频监控证据在刑事诉讼中的运用有两点启示。

第一，这些国家均将公民隐私权保护问题作为视频监控证据的合法性重点，防止国家机关侵害公民隐私权。我国的立法及司法解释并未专门对视频监控证据进行规范，但从对于视听资料和电子数据的相关规定来看，对于视频监控证据的合法性问题，主要是规范取证手段的合法性，如是否有提取的过程及记录，是否遵守了技术规范，制作过程中是否存在威胁、引诱当事人等，而对于视频监控证据侵害公民隐私权却没有任何规范，这就导致在视频监控系统越来越普及的今天，公民的隐私权无法得到妥善的保护，对于视频监控证据来说，也无法以侵害公民隐私权为由对其合法性进行质疑，更无法以此为理由要求排除视频监控证据。在公民基本权利保护日益完善的今天，这无疑是刑事诉讼法中一个相当大的漏洞。而从国外的经验来看，无论是英美法系国家，还是大陆法系国家，在规范视频监控证据的合法性时，都将公民隐私权作为重点。特别是英美法系国家，因为对于刑事诉讼中的公民权利较为重视，所以将隐私权纳入宪法层阶的保护范围，通过一系列的立法及判例，对公民隐私权与视频监控系统之间的冲突进行衡量和协调，在证据排除方面以公民隐私权作为合法性的重要衡量因素。即便是大陆法系国家，在对视频监控证据的规范和使用中，也日益重视其对公民隐私的侵害问题，以立法或判例的形式对国家安装视频监控系统的行为进行规制，并以此作为判断证据合法性的根据。

第二，视频监控证据的证据能力要件中应包含真实性、可靠性的保障条件。我国的刑事证据立法及实践对于证据的真实性问题较为重视，但通常都是在不区分证据能力和证明力的前提下探讨真实性问题，或者仅在证明力问题上探讨真实性问题。但从国外的立法经验来看，证据能力要件也应包含真实性、可靠性的保障条件，如果证据因取证不合法、不符合规范而导致其虚假可能性太大，就直接否定其证据能力，也就是说，因为这种证据无法保障自身的真实性，所以便否定其证据能力。这一点在英美法系国家表现尤为突出。如前文所述，英国警察需要特别注意合法的收集程序和方法，保持视频证据的连续性，在犯罪发生后，要尽可能快地搜集到视频证据，并建立完善的提取和保管链条。而在美国，视频监控证据的可采性主要取决于取证程序的可靠性，也就是说，必须证明取证程序不会导致视频监控证据发生歪曲、变形等情况发生。实际上，我国的司法解释中也规定了许多类似条款，如下文所述，在《解释》中，对各类证据都有一些保障其客观真实性的证据能力规则，若不符合这些规则而导致证据真实性存疑，就要否定其证据能力，将该证据排除，而不仅是证明力问题。所以对于视频监控证据来说，要结合《解释》的相关规定，研究其证据能力要件中的真实性、可靠性保障条件问题，使其证据能力要件更为具体、更具可操作性。

第二节 我国视频监控证据的证据能力要件

所谓证据能力的要件，即符合哪些条件的证据才具备证据能力。如我国学者所言，对于证据如何才能具备证据能力，国外很少有积极的正面规定，而多为消极规定，即以成文法或判例法所体现的证据排除规则为表现方式。[①] 但从消极规定中，也可以总结出积极的证据能力要件。我

---

① 郭志媛：《刑事证据可采性研究》，中国人民公安大学出版社，2004，第23页。

国证据法学界对于证据如何才具有证据能力尚无统一认识，存在一些不当的观点。如有学者认为，证据能力的主要要求即合法性，包括证据方法的形式、来源及收集提取方式合法，[①] 还有学者认为，我国未来应当将合法性作为证据筛选的唯一标准，[②] 这种观点显然也是认为证据能力的唯一要件为合法性。将证据能力的有无完全取决于合法性，显然是不当的，忽视了对关联性的要求以及合法性之外基于提高事实认定准确性的要求。因此，对于我国的证据能力问题来说，总结出证据能力要件更有利于澄清证据能力判断中的误解，也更有利于司法实务的操作。因此可以根据国外的相关理论，结合我国立法实际，对证据能力要件进行界定。

从比较法角度看，对于可采性的要件，英美法系并未从正面进行明确的界定，而是从反面通过设置证据排除的若干规则进行规范。英美法系首先要求证据必须具有关联性，才有可能具备可采性，因此关联性是可采性的前提。概括来说，没有关联性的证据肯定不可能具有可采性，而有关联性的证据除非符合某些特殊的排除性规则应当排除外，都具备可采性。在一般情况下，具有关联性的证据就是具有可采性的证据。但如果这个证据符合制定法或判例法规定的排除证据的情形，就必须将其排除。英美法系的证据排除规则有两类，即基于提高事实认定准确性的规则和基于事实认定之外因素的规则，[③] 前者之所以排除证据是为了保障事实认定的准确性，防止不公平损害、混淆争点或者误导陪审团的证据导致错误认定案件事实，如意见证据、品格证据规则；后者则主要是基于事实认定之外其他政策的考虑。如在美国，违反宪法第四修正案通过非法搜查、扣押而获得的证据；违反第五修正案通过强迫自证其罪而获得的证据；违反第六修正案侵害被告人获得公平审判及律师帮助权而获得的证据等。另外，如果美国联邦最高法院通过判例制定了某些特殊的排除规则，也是具有法律效力的证据规则。因此，根据英美法系的可采性理论，其证据能力要件实际上有两个，一是关联性，二是未被排除规则排除，

---

① 占善刚、刘显鹏：《证据法论》，武汉大学出版社，2009，第 27 页。
② 封利强：《司法证明过程论——以系统科学为视角》，法律出版社，2012，第 281 页。
③ 参见〔美〕米尔吉安·R. 达马斯卡《比较法视野中的证据制度》，吴宏耀、魏晓娜译，中国人民公安大学出版社，2006，第 96 页。

包括不因影响事实认定准确性而被排除以及不因事实认定之外其他因素被排除。

大陆法系的诉讼法及证据法理论也未从正面界定证据能力要件，但根据学者的总结，在大陆法系，证据能力要件包括消极要件及积极要件，消极要件为不违反证据使用之禁止，积极要件为必须经过严格证明。[①] 实际上，该学者的总结并不恰当，忽视了重要的证据关联性问题，没有关联性的证据，即便具备消极要件和积极要件，也不应具有证据能力。大陆法系虽然很少探讨证据关联性问题，但不表示关联性在大陆法系的证据制度中就不重要。正如日本学者所言，"证据对其所要证明的事实具有必要的最小限度的证明能力，无关联性的证据，当然不具有证据能力"。[②]而有的国家则在立法中明确体现出关联性要求，如意大利《刑事诉讼法》第 190 条规定："如果需要获取法律未规定的证据，当该证据有助于确保对事实的核查并且不影响关系人的精神自由时，法官可以调取该证据。"因此，关联性也是大陆法系证据能力的要件之一，之所以未在理论中被强调，是因为大陆法系国家认为这是一个不证自明的问题。由此，大陆法系国家的证据能力要件有三，即关联性、不违反证据使用之禁止、经过严格证明。

受苏联证据法学的影响，证据属性问题一直是我国证据法学中的重要部分。对于证据属性研究的论著不计其数，各类教材、专著中总是要在证据论中将证据属性论述一番。虽然存在不少争议，但证据的客观性、关联性、合法性三种属性已经成为通说。[③] 但问题在于，我们究竟为什么探讨证据的属性，或者说，证据的属性问题对于证据法的研究有何意义，对这一问题进行思考的学者并不多。有学者认为，单纯的研究证据的基本属性问题没有任何意义，因为如果这个概念不能解决任何问题，那么这个概念就是无意义的。并且，该学者认为，在证据的客观性、关联性、合法性中，客观性是一个毫无价值的概念，在法律意义上，客观性概念

---

① 林钰雄：《刑事诉讼法》（上），中国人民大学出版社，2005，第 345 页。
② 〔日〕我妻荣：《新法律学辞典》，董璠舆译校，中国政法大学出版社，1991，第 486 页。
③ 参见陈瑞华《关于证据法基本概念的一些思考》，《中国刑事法杂志》2013 年第 3 期。

几乎一无是处。而合法性则是相对意义较大的概念，因为它决定着一个证据能否进入裁判者的视野并对案件事实起到证明作用。①

笔者认为，上述学者的观点太过极端。证据的属性并非毫无意义的文字之争，恰恰相反，证据的属性实际上就等同于证据的证据能力要件，只要对证据的属性进行了准确界定，就相当于从正面对证据能力的要件进行了界定。因为证据在没有获得证据能力时，实际上仅是"证据材料"，只有经过审查获得了证据能力，才转化为"证据"，可见从证据材料到证据的转化过程中，就获得了证据的属性，而同时也是从不具备证据能力到具备证据能力的过程。因此，证据的属性问题，实际上就是证据能力问题，一个证据材料，经过审查获得了证据能力，能够在诉讼中成为证据，自然也就具备了证据的属性。

但问题在于，由于我国证据法学的滞后，长期以来没有证据能力的概念，只是近年来才从西方引进"证据能力""可采性"等概念并进行研究，所以在此之前的证据属性研究，并未与证据能力问题结合起来，而是就证据属性而研究证据属性，导致这种研究成为学者批判的毫无意义的名分之争。因此，关于证据的"三性"的讨论与争议，就因脱离了证据能力范畴而显得非常空洞，并且界定也不科学。为了将证据能力的研究与证据属性的研究结合起来，从对证据属性的研究过渡至证据能力的研究，需要对"三性"进行一定的改造。根据笔者的总结，从正面进行界定的角度来看，证据要具备证据能力，应当具备关联性、取证手段及程序的合法性、真实性的保障三个要件。

第一，关联性或者说相关性是证据能力的基础，这一点是没有什么疑问的。如果证据对案件事实没有最基本的证明作用，那么对这样的证据进行调查毫无意义，赋予其证据能力纯粹是浪费时间和精力。但问题在于，我国目前对关联性的研究并不深入，基本停留在经验层面上，从各种论著与教材中对关联性的界定就能看出这一点，如"证据的关联性，是指诉讼证据与案件事实之间具有客观的联系"；②"证据的关联性或相关

① 参见陈卫东、谢佑平主编《证据法学》，复旦大学出版社，2005，第63~65页。
② 参见江伟主编《证据法学》，中共中央党校出版社，2002，第58页。

性，指的是证据必须与需要证明的案件事实或其他争议事实具有一定的联系"。① 总体上看，对于关联性的概念目前我国证据法学界存在"内在联系说""客观联系说""紧密联系说""证明需要说""综合说"等不同观点，但一般对关联性的概念也仅止于"证据对其所要证明的案件事实之间的现实联系或现实相关性"，这实际上仅是一个宣示式的定义，而且我国证据法理论中的关联性与英美法系可采性意义上的关联性不同，对于关联性并未区分证据能力意义上的关联性和证明力判断意义上的关联性，是一种概括的"关联性"，在实践中并无多大意义。因此，我国的证据法学研究对于关联性还有许多值得研究的领域尚待开拓。在下文视频监控证据的关联性问题中，还要对关联性问题进行一定的扩展，论述一下何种视频监控证据是有关联性的，关联性范围究竟有多大。

第二，目前我国对于合法性是证据的基本属性已经达成一致意见。② 但是如果从证据能力的角度来看证据的合法性，就会发现实际上我们所称的合法性是一个概括的合法性，基本上对于判断证据能力要件来说没有实际意义。因此需要对此处的合法性进行准确界定。首先，通常合法性指的是取证手段和程序的合法性，即证据的收集程序、获取手段不违反法律的强制性规定，不对公民基本权利产生非法侵害，而不包括取证主体的合法性、取证规程的合法性，③ 证据形式的合法性。取证主体合法性问题早已有学者进行批判，④ 且现行的《刑事诉讼法》通过规定行政机关所取证据可以在刑事诉讼中使用，已突破了取证主体合法性的藩篱。取证规程的合法性、证据形式的合法性问题实际上不是一个合法性问题，而是下文所述的真实性的保障问题。其次，证据要具备证据能力，只需要具备取证手段和程序的合法性即可，也即是指取证手段或程序不违反宪法、刑事诉讼法及其他法律对公民基本权利保护的规范，不违反基本

① 参见何家弘主编《新编证据法学》，法律出版社，2006，第80页。
② 参见陈瑞华《关于证据法基本概念的一些思考》，《中国刑事法杂志》2013年第3期。
③ 参见注意"取证程序"和"取证规程"并不是一回事。"取证程序"是指法律规定取证应遵循的步骤和方法，如果违反的话，会直接侵害公民基本权利；而此处"取证规程"是指取证应遵循的操作规程，违反取证程序不会直接侵害公民基本权利，但可能会导致证据不真实。
④ 对于取证主体合法性问题的批判，请参见万毅《取证主体合法性理论批判》，《江苏行政学院学报》2010年第5期。

人类伦理。如英美法系的非法证据排除规则、自白任意性规则、不得自证强迫其罪规则都是这类合法性规则。

其他在取证过程中的轻微违法，若不会造成公民基本权利和程序权利的侵害，也不会导致虚假证据或证据失去证据能力。对于这一点，我国 2010 年颁布实施的《关于办理死刑案件审查判断证据若干问题的规定》和《关于办理刑事案件排除非法证据若干问题的规定》所确立的大量瑕疵证据补正与合理解释规则已经予以明确。[1] 对于这类轻微违法的证据，经过形式补正或者合理解释后，可以恢复其证据能力。作为非法证据排除规则发源地的美国，也对非法证据排除规则设定了一些例外，如善意的例外、独立来源的例外、必然发现的例外、消除污点的例外，这些例外所针对的情形，就是违法程度较轻、未对公民基本权利造成严重侵害的情形。[2] 因此，证据能力中的"合法性"要件并非要求证据要绝对合法，而只是要求符合最低限度的合法性，即取证手段和程序并未严重违法并侵害公民基本权利。[3] 没有违背这一要求的轻微违法证据，属于瑕疵证据，并非一定会被排除，而是可以对其证据能力进行补救。

第三，证据要具备证据能力，除了具有关联性、合法性之外，还必须具备真实性的保障。所谓证据的真实性保障，是从证据属性的客观性改造而来的一个概念。在以往的证据法研究中，要求证据具备客观性，实际上是违反证明规律的。因为这里的客观性具有两个含义，一是证据是客观存在的；二是证据是客观真实的、是对案件事实的真实反映。但问题在于，在证据经过最终证明力的审查判断之前，是无法判断第二个意义上的客观性的，如果一眼即知证据是否真实、客观，那证据法也基本上没有存在的必要了，任何人都可以轻松、准确地根据证据认定案件

---

① "两个证据规定"中确立了很多瑕疵证据补正与合理解释条款，如"死刑规定"第 9 条第 2 款、第 14 条、第 21 条、第 26 条、第 30 条第 2 款。《解释》基本上将这些条款全部吸纳。

② 参见〔美〕罗纳尔多·V. 戴尔卡门《美国刑事诉讼——法律和实践》，张鸿巍等译，莫洪宪审校，武汉大学出版社，2006，第 115～122 页。

③ 关于瑕疵证据的补正与合理解释问题的若干探讨，参见纵博《刑事诉讼中瑕疵证据补正的若干操作问题研究》，《现代法学》2012 年第 2 期；纵博、郝爱军《对瑕疵证据"合理解释"的解释》，《中国刑事法杂志》2012 年第 9 期。

事实。因此，证据能力所要求的客观性，不应该是证据的客观真实性，而只能是真实性的保障，即只要证据自身的性质、取证规程能够基本上保障证据具有客观真实的条件即可，如物证的照片、录像或者复制品，只要能够反映原物的外形和特征，就能作为证据使用；证人证言笔录、犯罪嫌疑人供述的笔录，只要经过证人和犯罪嫌疑人签字确认，就可以作为证据使用，至于这些证据到底是不是客观真实的，还要留待证明力审查判断之后才能决定。证据的真实性保障要件也是"两个证据规定"首次在我国司法解释中确立的。总而言之，证据的真实性保障是一种客观真实性的最低保障机制，如果证据不具备这种保障，就应该将其排除，这时的排除不是因为其严重违法、侵害公民基本权利，而是因为这种证据欠缺最基本的真实性保障，即便证据也可能是真实的，但刑事诉讼中无法冒着这种虚假风险而采纳该证据，因此只能将其断然排除。因为我国的证据真实性保障主要是为了保障证据的真实性，从反面将那些因取证规程不符合法律规定或因证据本身的重大缺陷而无法保证真实的证据排除出去，① 所以与英美法系为提高事实认定准确性的可采性规则有异曲同工之妙，如最佳证据规则、传闻证据规则、意见证据规则、鉴真规则（authentication）等。下文在探讨视频监控证据的真实性保障问题时，还将对此进行详述。

综上所述，若从正面来界定证据能力的要件，证据若要具备证据能力，就要具备关联性、取证手段合法性、真实性的保障，只有符合这些条件的证据，才能作为证据在诉讼中使用，并进入证明力审查判断的阶段。下文对视频监控证据的证据能力问题的探讨，也从这几个要件着手进行。

一 视频监控证据的关联性

关联性是证据能力的首要前提。如前文所述，我国对于关联性的研

---

① 关于对证据客观性保障规则问题的探讨，请参见纵博、马静华《论证据客观性保障规则》，《山东大学学报》（哲学社会科学版）2013 年第 4 期。

究非常浅薄，长期以来，我国学术界和实务界都把关联性置于证据属性之下进行探讨，并未区分证据能力的关联性与证明力的关联性，[①] 所以是一种概括的关联性。在我国的立法和司法解释中，只有少数原则性的关联性要求，并无明确的关联性的判断标准，也没有具体的关联性规则。在我国的证据法理论中，关联性问题基本上是一个停留在经验层面的问题。这些都导致司法实践中部分司法人员对关联性存在许多误解和疑惑，判断证据的关联性也比较随意。如在调研中，有的司法人员认为没有拍摄到完整的作案过程的视频监控证据就不具有关联性，所以就不能作为诉讼证据使用。但在有的案件中，视频监控只拍摄到犯罪嫌疑人进、出相关场所的画面，办案人员却认为是有关联性的，并将视频监控证据随案移送。

对于证据能力要件中的关联性要件，从原本意义上来说，是要将不具有关联性的证据排除在外，以防止这些证据对事实裁判者造成不当影响。如在英美法系国家，关联性是证据可采性的基本要求，没有关联性的证据绝对不可采，而有关联性的证据则具备了可采的可能性。[②] 同时，证据规则中设置了大量具体的关联性规则及其例外，如品格证据规则、事后补救规则等。在大陆法系国家，虽然没有关联性的具体规则，但一般认为法官也不会采纳毫无关联的证据。正如学者所言，可能在大陆法系国家，证据应该具有关联性是不言而喻的事情，无须法律再用明确的语言去规定。[③] 所以研究视频监控证据的关联性问题，原本应当研究何种视频监控证据是不具有关联性的，属于应当排除的证据。但由于我国的司法实践中，问题不在于司法人员不能区分视频监控证据

---

① 所谓证据能力的关联性与证明力的关联性，我国台湾学者陈朴生先生曾提出如下精辟论述："惟证据评价之关联性，乃证据经现实调查后之作业，系检索其与现实之可能的关系，为具体的关联，属于现实的可能，而证据能力之关联性，系调查与假定之要证事实间具有可能的关系之证据，为调查证据前之作业，仍是抽象的关系，亦即单纯的可能，可能的可能。故证据之关联性，得分为证据能力关联性与证明价值关联性两种。前者，属于调查范围，以及调查前之关联性；后者，属于判断范围，亦即调查后之关联性。"参见陈朴生《刑事证据法》，三民书局，1979，第276页。
② 王进喜：《美国〈联邦证据规则〉（2011年重塑版）条解》，中国法制出版社，2012，第63页。
③ 何家弘、姚永吉：《两大法系证据制度比较论》，《比较法研究》2003年第4期。

有无关联性，而在于他们对视频监控证据的关联性认识过于狭隘，如前文所述的认为只有完整记录案件全过程的才是具有关联性的，其他未能记录案件过程的就不具有关联性，所以只能用作破案线索而不能用作法庭证据。这种狭隘的认识阻碍了视频监控证据在法庭上的使用率，不利于发挥视频监控证据的证明价值和作用。因此，本部分对视频监控证据关联性问题的探讨，不在于研究何种证据是不具有关联性的证据，而是对关联性的类型——直接关联性和间接关联性进行探讨，以帮助司法人员正确认识证据关联性问题，提高视频监控证据的使用率，充分发挥其证明作用。

（一）具有直接关联性的视频监控证据

按照美国学者特伦斯·安德森等人的观点，证据的关联性（在其著作中翻译为"相关性"）有两种，即直接关联性与间接关联性。所谓直接关联性证据，即通过推理链条直接与次终待证事实联系起来。[①] 根据这一定义，所谓的直接关联性证据包括我们所称的直接证据与间接证据。直接证据即能够据以直接一步即推论出待证事实的证据，[②] 而间接证据则是需要经过多步推理才能得出待证事实的证据，在英美法系间接证据常常

[①] 特伦斯·安德森等人认为，法律案件中必然存在一个争议的主要或基本待证事实，称之为"最终待证事实"。最终待证事实很少是一个简单命题，通常是一个能被分解为数个简单命题的复杂命题，为了证明最终待证事实，每个简单命题都需要进行证明，这些简单命题就是次终待证事实，次终待证事实是关键事实。如在谋杀罪中，最终待证事实是被告人犯有谋杀罪，而次终待证事实包括：被害人已经死亡；是违法行为引起被害人死亡；被告人是实施该行为的人；被告人有谋杀发生地司法辖区的法律所要求的故意。参见〔美〕特伦斯·安德森等《证据分析》，张保生等译，中国人民大学出版社，2012，第 80~81 页。

[②] 此处需要说明的是，国内外很多关于直接证据与间接证据的观点都认为，直接证据是不需推理直接证明待证事实的证据，间接证据是需要进行推理才能得出待证事实的证据。这种观点并不正确，因为直接证据并非绝对不需要推理，如对于目击证人的证言，即便该证人目睹了案件全过程，也必须对其能力进行推论性的推理，包括正确观察该事件的能力、记忆的能力以及对其准确描述的能力，这些问题属于人们在日常生活中经常运用自然推理所解决的问题。因此，在美国学者看来，直接证据与间接证据都需要陪审团运用推论性的推理，区别在于其推论链条的长度。具体请参见〔美〕罗纳德·J. 艾伦等《证据法：文本、问题和案例》，张保生等译，高等教育出版社，2006，第 156 页。

被称为"情况证据"（circumstantial evidence）。[①] 可见，直接关联性证据并非我们所说的"直接证据"，而是一个包含直接证据与间接证据的大概念。但无论是直接证据还是间接证据，都是具有关联性的，只不过这种证据与待证事实之间关联性程度不同而已。

根据这种标准，视频监控证据中，那些能够根据视频监控证据中的图像、声音直接一步即推论出待证事实的，就是直接证据，因此，直接证据与待证事实之间没有任何中间推论环节，是"一步到位"的关联性：

$$E \longrightarrow P$$

图 4-1 直接证据的证明过程

在案例4.1中，视频监控证据中的图像信息就是直接证据：

> 案例4.1 2011年11月1日晚22时许，犯罪嫌疑人李某和朋友刘某到某县科峰网吧，李某冒用"粟强"的身份证在该网吧内29号机上网。凌晨1时许，刘某下机回家，犯罪嫌疑人李某送刘某下楼时发现一辆蓝色的摩托车未锁，便产生偷窃想法。犯罪嫌疑人李某再次回到网吧内上网。直到凌晨5时许，网管睡觉后，犯罪嫌疑人李某戴着帽子离开网吧，在网吧一楼将受害人樊某停放在此的一辆蓝色150型陆嘉牌摩托车盗走。该车经物价局价格鉴定，价值3255元人民币。
>
> 在盗窃过程中，网吧内外安装的三个视频监控摄像头分别拍摄下犯罪嫌疑人李某进入网吧在网吧上机下机、在网吧外偷车并逃离现场的画面，在起诉过程中，检察机关将上述视频监控证据均随案移送。

---

① 对于情况证据，在英美法系的证据法理论上存在很多未决的争议，尤其是如何界分直接证据与情况证据问题，众说纷纭。边沁、威格摩尔、帕特森等学者均对此进行过界分，因此有经典犹太法标准：证人必须目睹完整犯罪行为；边沁标准：证据事实材料与待证主张等同证就是直接的；麦考米克标准：如果被采信，解决争议焦点的证据就是直接证据；威格摩尔标准：直接断言争议事实的证据是直接证据；帕特森标准：当给出的命题与所提出的结论或结论的矛盾命题一致时，它对所提出的结论来说是直接证据。参见〔加〕道格拉斯·沃尔顿《法律论证与证据》，梁庆寅、熊明辉等译，中国政法大学出版社，2010，第94页。

在案例4.1中，视频监控拍下了三种画面，其中只有网吧外的视频监控摄像头拍摄的李某偷车并离开现场的图像是直接证据，可以一步推理得出"李某盗窃了樊某摩托车"这一待证事实，而其他两种视频监控证据，不能一步推论得出待证事实，必须经多步推理才能与待证事实相关联，因此不是直接证据。

而在有的带有声音录制功能的视频监控系统中，即使图像包括案件的整个过程，也未必成为直接证据，但是声音却可以成为直接证据，直接证明案件中的某一待证事实。如案例4.2就是这种情况：

案例4.2 张某是某县中学学生。2010年7月10日晚，张某报案称自己被校外以李某为首的几个社会青年抢劫200元钱。公安机关出警后很快将李某等人抓获，但李某等人却不承认自己是抢劫，而是说张某欠他们200元钱已有几个月，所以只是向他索要欠款。

经过调查，该案发生在一家储蓄所外，该所外面安装了视频监控设备，记录下了当时的情况。从画面上看，李某等人确实未殴打或持械威胁张某，而是围着张某在说话，不久张某就拿出钱交给李某。但储蓄所的视频监控系统有录音功能，通过听取录音内容，李某确实是以言语威胁为手段进行抢劫。

在案例4.2中，视频监控证据中的图像信息虽然包括整个案发过程，但在没有声音信息时，无法断定当事人行为的性质，因此并不能直接证明待证事实：李某等人实施了抢劫行为，此时图像信息只能作为间接证据，通过多步推理才得到这一待证事实。而声音信息此时直接反映了案件的性质，可以直接证明案件事实，因此是直接证据。

当然，在一般案件中，图像信息是与声音信息结合在一起发挥作用，共同作为直接证据或间接证据的。如案例4.2中，虽然理论上是视频监控证据中的声音部分发挥直接证据的作用，但是基于图像信息与声音信息在具体证明过程中不可分离，整个视频监控证据都发挥了直接证据的作用。

在视频监控证据中，那些需要经过多步推理才能最终与待证事实联结的视频监控证据，就是间接证据。间接证据到待证事实的推理过程中，

有许多的中间环节，这些中间环节又称为"中间待证事实"。间接证据的
证明过程是一个推理的链条，证据与待证事实之间是"多步到位"的关
联性：

$$E \longrightarrow F \longrightarrow G \longrightarrow H \longrightarrow P$$

图 4 - 2　间接证据的证明过程

在案例4.3中，视频监控证据就是作为间接证据使用的：

> 案例 4.3　2010 年 5 月 17 日 17 时许，犯罪嫌疑人薛某驾车到达
> 郫县红光镇，将车停放在路边，窜至红光镇名城左岸小区十栋二单
> 元，听到 406 房间内有女性说话的声音，遂用事先准备好的棒球帽、
> 口罩等伪装后敲开房门，手持电击棍电击该房间租客蒋某，并用事
> 先准备好的洒有吸入型麻醉剂的手帕，捂住蒋某口鼻，致蒋某麻醉
> 昏迷，先后在房间内的两个卧室中对蒋某实施强奸，后薛某用厨房
> 内的菜刀将滴有自己血迹的一个床垫面子割走，打扫清理房间后，
> 穿上蒋某男友的衬衣逃离现场。
>
> 在本案中，视频监控证据有 3 个，其中 2 个是被告人薛某进入该
> 小区的画面，1 个是薛某在超市购买自制麻醉头套用的空调被的画
> 面。在本案中，所有的视频监控资料全部在起诉时随案移送。

在案例4.3中，虽然视频监控证据有 3 个，但都未直接反映薛某强奸
蒋某的案件过程，因此都不能直接通过推理而得出待证事实：薛某实施
了强奸蒋某的行为。然而这些视频监控证据却可以作为间接证据，通过
多步推理形成证明待证事实所需的证据链，最终证明待证事实，所以这
些视频监控证据依然是具有关联性的。在司法实践中，部分司法人员认
为这种证据不能直接在诉讼中作为证据使用，而只能用作口供的突破口，
或者侦查的线索，这种观点是不正确的。

（二）具有间接关联性的视频监控证据

在证据法的研究中，关于关联性问题，容易被忽视的是所谓的间接
关联性证据。根据特伦斯·安德森等人对间接关联性证据的定义，所谓

间接关联性证据（indirectly relevant evidence），即虽然不与次终待证事实直接联系，但对每一个由直接关联性证据建立的推理链条中的环节起着增强或削弱的作用，因此也称之为"附属证据"（ancillary evidence）或者"辅助证据""补助证据"，它们虽然不能直接证明次终待证事实，但仍是与次终待证事实关联的，因此仍然属于具有关联性的证据。间接关联性证据如图4-3所示。

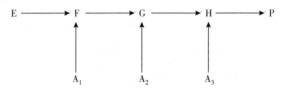

图4-3　间接关联性证据

在图4-3中，E是一个间接证据，而P是待证事实，由E到P的推理过程要经过F、G、H三个中间事实。因此，这是一个经过多步推理的证明过程。在这一过程中，还出现了A_1、A_2、A_3三个证据，这三个证据与待证事实P并无直接关联，表面上看，对于待证事实来说是毫无关联性的证据，但实际上，这三个证据发挥的是对推理链条中的环节起到支持或否定的作用，通过这种支持或否定作用，起到肯定或否定证据E的关联性，或者加强或削弱证据E的证明力的作用。因此，这些证据依然是与待证事实之间具有关联性的，只不过这种关联性并非直接体现出来，而是体现在对证据推理环节的作用上。对此案例4.4可以加以说明。

案例4.4　假设在某少数民族地区有一个故意杀人案件，被告人对于实施了持刀杀人的行为并无辩解。公诉人认为被告人事先携带刀具，是有预谋、有计划的故意杀人。但被告人在庭上供述却主张自己是少数民族，平常外出都携带刀具，而少数民族携带刀具在当地并不违法，案发当日也是与平时一样，携带刀具外出，之所以杀害被害人是因为与被害人发生争执而激情杀人，并非有预谋的杀人，因此请求从轻量刑。

在案例4.4中，被告人的供述及推理过程如图4-4所示。

图4-4 被告人供述及其推理过程

在这一推理过程中，1是被告人供述证据，2、3是中间推理环节，也称为中间待证事实，4是待证事实，也即被告人是不是预谋杀人。由此推理过程可见，被告人供述是作为间接证据，经几步推理而得出待证事实。

但公诉机关为了反驳被告人的主张，提出了若干视频监控证据，这些证据显示的内容是被告人平日路过某十字路口的情况，出示这一证据的目的是为了证明：被告人平日出行并不携带刀具。监控画面确实显示的是被告人平日并未随身携带刀具。

因此，此时证据的推理图就增加了一个证据，并且这一证据对被告人供述的推理起到了推翻、否定的作用，使推理链条无法最终得出待证事实：

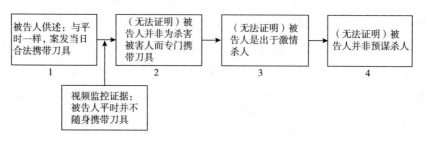

图4-5 加入视频监控证据后的证据推理

可见，在案例4.4中，公诉机关后来出示的视频监控证据与本案待证事实"被告人是否预谋杀人"在外表上看是毫无关联的，但这些视频监控证据却对被告人供述的证据推理链条中的一个环节起到了攻击、破坏的作用，从而使被告人供述的推理不能得出其待证事实，因此，这些视频监控证据就是所谓的间接关联性证据，与案件待证事实之间是间接关联的关系。

可见，间接关联性证据与间接证据是完全不同的两回事。间接证据依然属于直接相关证据，只不过要经过数步推理才能得出待证事实。而间接关联性证据根本就不与待证事实本身发生直接联系，无论如何推理也不可能得出待证事实，但是它能够对间接证据的推理过程进行支持或否定，从而间接发挥对待证事实的影响作用。实际上，间接相关证据相当于"间接"的间接证据，是对证据事实的证明，在证明逻辑中与直接相关证据一样具备同样重要的作用。[1]

那么，在诉讼中，何时需要举出这些间接关联性证据呢？根据美国学者的理论，当证据推理过程中需要进行概括（generalization）时，如果这种概括不属于司法认知和推定的事实，法官对此又没有知识储备，就需要间接关联性证据对此概括进行证明。所谓概括，即以一个命题或陈述证明证据与假设之间联系的正当性。概括与从证据到待证事实的推理链条中的每一个环节相联系，因此，这些概括又称为"凭据"（war-rants），为每一个推理环节提供理由。概括通常是"如果……那么"的命题形式，本质上是归纳性的。[2] 概括分为两种，即具体情况概括与背景概括。具体情况概括就是被明示或暗示用于具体情况的论证之中的概括，如关于个人习惯或品行的描述，或一个一般性主张。背景概括则包括科学知识、一般知识、基于经验与综合直觉（或信念）的概括。具体情况概括当然需要证据进行证明，否则法官难以了解主体的行为、习惯、特征，而背景概括中，属于司法认知和推定的那一部分不需要证据证明，但除此之外的部分，如果法官不具备相应的知识，就需要当事人以证据进行证明。此时，证明这些事实的证据就是间接关联性证据。

如在前图 4-4 中，从 1 到 2 的推理环节中，就有这样一个概括：若被告人平时就携带刀具外出，那么他就不是为了杀人而特意在某日携带

---

[1]　因此，我国证据法学理论中关于证明对象范围的通说似乎有待检讨。通说认为，证明对象不包括证据事实，只包括实体争议事实与程序法事实。参见刘广三《刑事证据法学》，中国人民大学出版社，2007，第 298 页。但从间接相关证据的证明作用来看，其主要证明对象就是证据（推理）事实。因此，从这一角度来看，应当检讨我国证据法学通说的证明对象范围理论。

[2]　参见〔美〕特伦斯、安德森等《证据分析》，张保生等译，中国人民大学出版社，2012，第 81~82 页。

刀具外出。而根据这一概括进行的推理就如下述形式：

> 该少数民族平常都习惯携带刀具外出，并非为了杀人而携带刀具；
>
> 被告人平时就携带刀具外出；
>
> 被告人并非为了杀害被害人而专门携带刀具外出。

由此可见，通过这个概括，证据推理形成了一个准演绎推理方式，概括则成为推理的大前提。[①] 对于"该少数民族平常都携带刀具外出"这一概括，若法官并不知情，就需要被告方提供必要的证言、书面证据等进行证明，此时这些证言、书面证据就是所谓的间接关联性证据。

但由于这种推理是似真的，因此是可以推翻的，对方当事人可以提供其他相反的间接关联性证据对这种推理进行攻击，如在图4-5中，控方就是以显示被告人平常外出不带刀具的视频监控证据证明被告人具有杀害被害人的预谋，而这时视频监控证据所起到的作用就是作为间接关联性证据对被告人的主张进行反驳。

综上所述，证据的关联性不仅包括我们在经验意义上的、直观意义上的关联性，还包括在逻辑上的、证据推理上的关联性，不仅包括直接证据、间接证据，还包括间接关联性证据，而这恰恰是我国学者未曾注意和研究的一个领域，这也导致司法实务中对何种证据才具有关联性模糊不清，影响了证据在诉讼中的使用。对于视频监控证据来说，因为视频监控系统的普及，在案件中能够运用视频监控证据的情形也将越来越多，因此，为了合法、正确地运用这种证据，应当首先对何谓有关联性的视频监控证据进行厘清，合理界定关联性的范围，为其证据能力的判定奠定基础，同时也消除司法人员对证据关联性的误解，充分利用具有直接及间接关联性的视频监控证据。

---

① 之所以将这种推理形式称为"准演绎推理方式"，是因为这种推理形式只具有演绎推理的外观，而不具备演绎推理的逻辑要素，所以它实际上是一种"似真推理"。"似真推理"即一种与演绎推理和归纳推理都有所不同的第三种类型推理，也可称之为"可推翻的推理"，其逻辑结构为：在通常情况下，如果A是B，则A是C；a是B，所以，a是C。参见熊明辉《法律推理的逻辑基础》，《法律方法与法律思维》2005年第1卷。

二　视频监控证据的合法性

合法性是视频监控证据的一个重要要件。具备关联性的证据，必须还要具有合法性，才能获得证据能力。证据合法性包括多个方面，如取证程序的合法性、证据来源的合法性、证据形式的合法性等，但如前文所述，此处的合法性是狭义的合法性，仅指视频监控证据的取证手段和程序不侵害宪法和法律规定的公民基本权利，并且取证手段不违反基本人类伦理。

有鉴于此，结合其他国家对视频监控证据合法性的规制方面来看，对视频监控证据合法性的探讨，最为有意义的部分应包括两个方面，一是视频监控证据自身与公民隐私权保障问题，探讨的是视频监控系统在生成证据的过程中是否会导致违法侵害公民隐私权。需要说明的是，虽然个人和国家机关都有可能通过视频监控系统侵害公民隐私权，但在刑事诉讼中主要是防止国家机关侵害公民隐私权的行为；二是视频监控证据的取证程序意义上的合法性问题，探讨的是取证程序是否合法，是否侵害公民自由、财产等基本权利的问题，即通过法定程序限制非法搜查、扣押、技术侦查、刑讯等取证手段，并排除通过这些手段而获得的证据。这两个方面中，前者是从"实体"方面对视频监控证据合法性的判断，后者则是从"程序"方面进行合法性的判断。至于取证规程合法性（取证的操作规程意义上的），因为主要目的并不是保障公民基本权利，而是为了保障证据的客观真实性，所以将其放在后面"视频监控证据的真实性保障"部分中进行讨论。因此，在此小节中对视频监控证据的合法性问题的探讨，主要是对视频监控证据与公民隐私权保障、视频监控证据的取证程序这两个问题。对于前者，主要从我国《刑事诉讼法》确立的技术侦查措施的证据法规制角度进行探讨，对于后者则要从证据来源、强制措施规制等角度探讨取证手段合法性的证据法规范。

（一）技术侦查视角下的视频监控证据合法性

由以上对英美两国的视频监控系统下隐私权保护的概括介绍可以看

出，虽然在立法、判例方面，对于如何协调公民隐私权与视频监控证据在打击犯罪中的作用两方面尚且没有统一的做法，但这两个国家的公众对视频监控的隐私侵犯性抱有较大的戒心，并且为限制视频监控系统的无限发展作出了一定的努力。从法律角度看，视频监控系统下隐私权保护问题是一个涉及宪法、行政法、民事法、刑事法等多个法律领域的复杂问题，并非本书所能解决。在刑事诉讼领域，探讨视频监控证据与隐私权保护之间关系问题的重要目的就在于，如果能够论证某种状态下产生的视频监控证据是侦查机关以严重侵害公民隐私权方式而产生的，这种证据就属于应当排除的非法证据。因此，对于我国视频监控证据的合法性探讨中，研究隐私权保护问题的重点也在于此。虽然我国《刑事诉讼法》并未明确规定侦查过程中对公民隐私权的保护，但根据全国人大常委会法制工作委员会的解释，2012 年《刑事诉讼法》增设"技术侦查"一节对于电子监控、监听、秘密拍照、秘密录像等监控措施进行规制，就是因为"考虑到技术侦查措施在执行过程中可能涉及公民个人隐私和公共利益，必须在法律中予以明确的规范，加以必要的限制"，① 因此，我国对于"监控时代"下公民隐私权的保护是通过对技术侦查措施的规范来实现的，所以对于视频监控证据的合法性判断中，也应根据我国的立法框架，从对技术侦查措施的规制入手，结合隐私权的相关理论进行分析。

如前文所述，英美两国对于视频监控系统与隐私权保护之间的关系问题，尚有诸多未能彻底解决的疑问，我国在这方面也存在很多问题，甚至有些问题根本就没有受到关注。对此，首先应从我国隐私权保护的总体状况谈起，然后论证在我国何种视频监控证据属于侵害隐私权的证据，以及是否应当作为非法证据排除。

"隐私"一词来源于美国，英文是"privacy"，其本来语意为"独居不受干扰的状态"和"不受公众关注的自由"。但长期以来，人类虽有隐私的观念，却并未将其作为法律上的权利。直到 1890 年，美国哈佛大学教授塞缪尔·沃伦（Samuel Warren）和路易斯·布兰迪斯（Louis Brande-

---

① 全国人大常委会法制工作委员会刑法室编《关于修改中华人民共和国刑事诉讼法的决定：条文说明、立法理由及相关规定》，北京大学出版社，2012，第 185 页。

is）在《哈佛法律评论》中率先撰文提出"隐私权"（right to privacy）概念，这一创造性观点对隐私权产生和确立具有奠基性意义。之后，诸多学者也发表了关于隐私权的论著，对隐私权的逐渐形成起到了重要作用，最终法官在判例中将隐私权界定为法律权利。随着对隐私权重视程度的不断增加，对隐私权的传统私法保护方式已经不能满足保护隐私的需要，于是各国转而采取隐私权的公法保护模式，将隐私权定位为宪法性权利。① 在我国的法学理论中，长期以来并未对隐私权问题加以关注，在宪法中也未像其他国家那样明确将隐私权列举作为公民的基本权利，但其他法律和司法解释特别是民事立法及司法解释中却有关于隐私权的零星规定。如 2009 年颁布的《中华人民共和国侵权责任法》第 2 条明文将隐私权作为一项民事基本权利进行规定。另外，在最高人民法院之前发布的相关司法解释中也对隐私权保护问题进行了一定的规定。如最高人民法院在《关于贯彻执行〈中华人民共和国民法通则〉若干问题的意见（试行）》第 140 条第 1 款中就已经作出如下规定："以书面、口头等形式宣扬他人的隐私，或者捏造事实公然丑化他人人格，以及用侮辱、诽谤等方式损害他人名誉，造成一定影响的，应当认定为侵害公民名誉权的行为。"再如，2001 年 3 月 10 日起施行的《最高人民法院关于确定民事侵权精神损害赔偿责任若干问题的解释》中，第 1 条即作出如下规定，"违反社会公共利益、社会公德侵害他人隐私或者其他人格利益，受害人以侵权为由向人民法院起诉请求赔偿精神损害的，人民法院应当依法予以受理"。总体上看，在我国法律和司法解释中，是将隐私权作为民法中公民人格权的一部分进行保护的，隐私权是从属于人格权的子权利，而没有像国外那样将隐私权作为独立的权利进行保护，更未将其上升为一种宪法权利。

在隐私权的内容方面，我国的法律及司法解释都没有具体规定，因此对于何谓隐私权，主要是依学理解释进行分析和判断。依据学者的归纳，在我国隐私权主要包含以下几个方面的权利。①私生活秘密权。所谓私生活秘密权，即"公民所享有的各种个人信息不受任何人非法侵扰、

---

① 参见黄进发《隐私权从私法保护到公法保护的发展》，《东南学术》2012 年第 3 期。

截取、搜集、利用和公开的一种权利",这是我国一般公众所理解的通常意义上的隐私权,或者说这是一种狭义的隐私权,其中"私人信息"包含各类个人生活相关的、不欲为他人所知的信息。②空间隐私权。所谓空间隐私权,即"个人对特定的空间具有不受他人窥看、侵扰、侵入、破坏的权利",这一权利是从传统的财产权发展起来的,目前,具有隐私的空间已不限于个人住宅等私人空间而拓展到公共空间。如 1999 年德国联邦最高法院关于摩洛哥卡罗琳公主案的判决即明确表示,① 隐私也存在于公共场合。③私人生活安宁权。所谓私人生活安宁权,即"个人有独立生活、不被他人打扰的权利",西方也有学者将其称之为"被社会遗忘的权利",私人生活安宁权是一项较为概括的权利,可以视为隐私权内容的兜底性权利。② 应当说,该学者对隐私权内容的归纳还是较为全面的,比我国一般民众所通常理解的隐私权范围要广得多,基本上能够涵盖现代社会人们在各个层面上应当享有的隐私权。

在特定场所对于某一事物是否具有隐私权的判断,美国、英国采取的是"隐私权期待"的判断标准,即如果当事人在某个场所对于某个事物具有社会能够认可的合理的隐私权期待,就认定当事人有隐私权。这种判断方式对于我国来说,是难以在司法中适用的,因为这种判断标准要求在每个不同的个案中都要判断是否具有合理的隐私权期待,不符合我国的成文法传统和演绎推理的司法模式,因此在隐私权有无的判断中,对于我国更实用也更方便的方式是直接进行内容的判断,也即根据当事人所主张的内容是否能够容纳于理论上隐私权的范畴之内,来判断某项事物是否属于当事人的隐私权范围。③

对于视频监控系统与隐私权保护问题,我国目前立法上并无任何相关规定。关于视频监控系统的安装、使用、维护、资料保存等,目前只有一些地方政府或公安机关制定的文件进行规范,如《北京市公共安全

---

① 该案起因是一家德国的杂志社拍摄到了摩洛哥卡罗琳公主的生活照,这些生活照是卡罗琳公主在外出购物以及与其家人在外度假的过程中被拍摄到的。这家杂志社将这些照片在其杂志上刊登后,卡罗琳公主将这家杂志社诉至法院,诉由是杂志社的行为侵害了其隐私权及家庭生活权。

② 参见王利明《隐私权内容探讨》,《浙江社会科学》2007 年第 3 期。

③ 参见杨立新《关于隐私权及其法律保护的几个问题》,《人民检察》2000 年第 1 期。

图像信息系统管理办法》《重庆市社会公共安全视频图像信息系统管理办法》《成都市公安局城市图像监控系统管理规定》等。在这些文件中，对于保障公民隐私权问题，往往也只进行了简单的原则性规定，而无任何具体规范。如《北京市公共安全图像信息系统管理办法》中规定："设置公共安全图像信息系统，不得侵犯公民个人隐私；对涉及公民个人隐私的图像信息，应当采取保密措施。"《重庆市社会公共安全视频图像信息系统管理办法》也规定："建设、使用和维护公共视频系统不得泄露国家机密和商业秘密，不得侵犯个人隐私及其他合法权益。"但对于何种情形是侵犯公民隐私权，则没有规定。

可以预见的是，随着视频监控系统的日益发达以及其功能的不断升级，日后在刑事侦查中视频监控系统将会越来越频繁地被使用，而且不再限于传统的被动式监控，会逐渐朝主动式监控发展，构成《刑事诉讼法》规定的技术侦查，所以视频监控系统与公民隐私权之间的冲突将日益激烈。那么，在上述我国的隐私权保护框架下，哪些视频监控证据可能会侵害公民的隐私权呢？如何判断视频监控证据是否侵害隐私权呢？在现行法律及相关法规、文件中找不到具体的依据，只能根据隐私权的概念进行学理分析。笔者认为，视频监控系统可能侵害的是上述隐私权中的第一种和第二种，即私生活秘密权和空间隐私权。具体而言，若将个人通过视频监控系统侵害他人隐私权的情形考虑在内，根据安装视频监控主体、场所、功能等不同，下列情形所生成的视频监控证据都是对公民隐私权的侵害所获得的，其中侦查机关出于故意而实施的侵害行为，构成非法技术侦查行为。

第一，在个人具有隐私信息、隐私空间的场所安装的视频监控系统所生成的视频监控证据。

根据场所的性质不同，可以将各类场所分为公共场所、半公共场所、私人场所。公共场所即不限制特定身份的人进入，所有人都可以不受禁止自由出入的场所，如公园、广场、公路、机场等；半公共场所包括经营性的公共场所（如俱乐部、服装店、饭店、游戏厅等）、单位内部的公共场所、居民小区的公共部分等；而私人场所则仅限于特定的人进入，其他人未经许可不可进入的场所，如个人住宅、办公室、卧室等。当然，这几个概念之间也会有一些重叠之处，如服装店是半公共场所，但其中的试衣室对于使用者来说，则属于私人场所，因此对场所的区分要根据其功能来进行，而非仅根据场所所在地这一个标准确定。①

在公共场所、半公共场所安装的视频监控系统，如果其监控范围并未侵犯到公民的私人空间，就未侵犯公民的隐私权。因为公民的隐私权也是有边界的，在私人场所公民可以保持自己绝对的隐私不被外人窥看、窃听，但在公共场所和半公共场所，公民并不能防止他人对自己外貌的观看、声音的听取，同理，公民也不能在公共场所和半公共场所禁止视频监控系统对自己外形的拍摄、声音的录制。在公共场所、半公共场所安装视频监控系统，虽然在我国尚没有具体的法律进行规范，但这是国家权力及社会自治权的行使，且行使的目的是为了维护公共安全、保障公民人身财产安全，因此公民不应以隐私权为由而对抗公共场所、半公共场所的视频监控系统。

但在私人场所，包括个人住宅、办公室、其他公共场所、半公共场所中用于私人目的的部分，若在当事人不知情的情况下安装视频监控系统，无疑是对个人隐私的侵害，即便是进行了明示，也不可否认其侵害性。因为这类场所是完全排斥他人侵扰、窥看的场所，并不因安装者对视频监控系统进行了明示就消除了其侵权性。如果系侦查机关之外的其他主体安装，则是侵害他人隐私权的非法行为；如果这些视频监控系统是侦查机关为侦破案件而安装，就属于《刑事诉讼法》规定的技术侦查措施。目前我国《刑事诉讼法》"侦查"一章第八节已经增设了"技术侦查措施"，对技术侦查措施的适用范围、程序等进行了初步的规定，按照立法理由及说明，技术侦查措施包括"电子侦听、电话监听、电子监控、秘密拍照、秘密录像、秘密获取某些物证、邮件检查等专门技术手段"，并且，"随着科学技术的发展，技术侦查手段也会不断发展变化"。② 而根据《刑事诉讼法》规定，技术侦查必须经过严格的批准手续

---

① 参见朱慧芬等《公共场所监控图像采集利用与隐私权保护研究报告》，《政府法制研究》2009 年第 8 期。

② 全国人大常委会法制工作委员会刑法室编《关于修改中华人民共和国刑事诉讼法的决定：条文说明、立法理由及相关规定》，北京大学出版社，2012，第 57 页。

后才能实施，并且必须严格按照批准的措施种类、适用对象和期限执行，这是因为技术侦查不属于任意侦查措施，而是属于极有可能侵害公民权利的强制侦查措施。[①] 因此，在私人场所安装视频监控系统的侦查措施对公民隐私权有所侵害，属于技术侦查措施之一，应当受到严格的规制，如果未经批准而擅自安装，则直接违反《刑事诉讼法》的强制性规定。因此，无强制侦查权的自然人或者单位通过在私人场所安装视频监控系统而获取的证据，无论该系统的安装是否告知被监控人，都是侵犯隐私权而获得的证据，若是侦查机关未经批准安装，则属于违法的技术侦查行为。

第二，安装在公共场所、半公共场所的视频监控系统通过对私人场所的监控而获得的证据。

目前视频监控系统的安装并没有统一的规范，各地政府机关管理的视频监控系统都是依地方需要进行部署安装，社会单位和个人管理的视频监控系统更是多种多样，根据单位和个人需求而随意安装。因此，即便这些视频监控系统是安装在公共场所和半公共场所，也不可避免地会将私人场所纳入监控范围，如个人的卧室、办公室、卫生间、浴室等。这些场所本来是严格受法律保护的私人场所，未经批准不得进行搜查、监视、监听。而安装在这些场所附近的视频监控系统，如果距离足够近，就可以很方便地对场所内的人和事物进行监视和监听。基于上述原因，如果是无强制侦查权的自然人或单位在这种情况下所取得的视频监控证据，是对私人场所的侵犯，即便是"无意之中"或"意外获得"的证据，也应视为侵害隐私权而获得的证据。如果是侦查机关故意通过公共场所、半公共场所的视频监控系统对私人场所进行监控，同样属于技术侦查行为，应履行法定的批准手续。未履行批准手续而获得的证据，属于侵害公民隐私权的非法证据。

第三，安装在公共场所、半公共场所的视频监控系统，利用遥感、追踪等功能对公共场所中具体的人或事物进行监控、观察、监听，或者

---

① 强制侦查即采取强制处分措施并侵犯公民重要权益的侦查措施，任意侦查则是不采取强制处分措施且不会对公民重要权益造成损害的侦查措施。参见〔日〕松尾浩也《日本刑事诉讼法》（上），丁相顺译，金光旭校，中国人民大学出版社，2005，第40～41页。

利用数个视频监控系统组成接力式的追踪观察而获取的证据。

如前文所述，目前的视频监控系统功能越来越多，有视频放大、追踪检测、生物识别等功能，在视频监控系统的使用中，如果仅是对公共场所、半公共场所图像的摄录，未针对特定的人或事物，而是将所有的监控范围内的人和事物都进行拍摄和录制，一般不会导致侵害隐私权问题，在刑事诉讼中使用的视频监控证据，一般来说就是这种视频监控系统正常运作下所产生的普通监控资料。但是如果利用视频监控的高级功能，对公共场所中特定的人或事物进行跟踪式的监控、监听，或者对特定的人或事物进行偷窥式的视频放大监控，就不再属于视频监控系统的正常监控范围，如果这种监控是侦查机关之外其他主体实施，就是一种侵害他人隐私权的非法行为；如果这种监控是由侦查机关实施，则跨入了技术侦查领域。

虽然在刑事诉讼中，侦查机关所运用的视频监控系统本身也是一种技术措施，但是它与技术侦查还是有差别的。在仅利用视频监控系统的基本功能进行图像摄取时，相当于是侦查人员感官的延伸，并非是利用技术手段突破感官限制而侵犯他人隐私。例如在美国，联邦最高法院曾在判例美国诉李案（United States v. Lee）中判决利用信号灯或探照灯对那些在白天用肉眼就可以看见的东西进行观察，不构成搜查活动。[①] 而在另一个判例李昂诉美国案（On Lee v. United States）中，法院认为借助双焦望远镜小型望远镜或望远镜将证人看到的物体进行放大，不属于被禁止的搜查或扣押行为，而且即使在对方不知情或未经其同意的情况下，也是如此。[②] 在陶氏化学公司案（Dow Chemical Co. v. United States）中，美国联邦最高法院认为执法官员用固定在地板上的、精确的标准高空照相机对陶氏公司的拍照不是搜查，因为执法官员并没有采取那些特别的感官装置，如能够穿透建筑物的墙体并记录陶氏公司内部谈话内容的特别装置等，而是借助传统的（尽管更精确）、大众使用的相机进行拍照。但

---

① 274 U. S. 559（1927）. 转引自〔美〕约书亚·德雷勒斯、艾伦·C. 迈克尔斯《美国刑事诉讼法精解》（第一卷），吴宏耀译，北京大学出版社，2009，第96页。

② 343 U. S. 747，754（1927）. 转引自〔美〕约书亚·德雷勒斯、艾伦·C. 迈克尔斯《美国刑事诉讼法精解》（第一卷），吴宏耀译，北京大学出版社，2009，第96页。

美国联邦最高法院在论证中也特别指出，使用大众一般接触不到的、高度复杂的监控设备对私人财产进行监控，在宪法意义上可能会被视为无证搜查。① 从美国联邦最高法院在一系列判例的判决意见中可以看出，对于一般的人类感官功能延伸的设备，法院并不视其为宪法上的搜查，因为这些设备的使用并未对个人的隐私期待造成损害，而是警方感官的正常延伸，导致当事人自以为隐蔽的信息被警方获取。但是，如果警方使用的是一般人不熟悉的、具有极强穿透力和侵犯性的设备，就会形成宪法上的搜查，如在凯丽欧诉美国案（*Kyllo v. United States*）中，警方使用热像仪（一种能够探测到红外线辐射的仪器）对凯丽欧的房屋进行扫描，以探测是否有种植大麻的行为，法院以5比4的多数认为上述仪器的使用构成搜查。②

由此可见，对于侦查中一般的技术手段来说，如果仅是人类感官的正常延伸，在侦查中使用就不属于强制侦查，而是属于任意侦查范畴。但如果这种技术突破了人类感官的限制，而具有较强的探测能力，使本来不借助该技术就无法获得的证据或信息通过使用该技术而获得，并造成对公民隐私权的侵害，就属于强制侦查范畴，因强制侦查措施实行法定主义和司法审查主义，如果未经批准而使用这种技术，就属于非法取证。因此，如果侦查机关在使用视频监控系统的过程中超出了并无特定对象的普遍性图像摄制、声音录制的基本功能，利用视频监控系统的高级功能对公共场所中特定的人或事物进行监控、跟踪、监听，即便此时监控并未侵入私人场所，实际上也超越了视频监控系统的任意侦查界限，而构成了属于强制侦查范围的技术侦查措施，对公民的隐私权造成侵害。如果利用视频监控系统的高级功能对特定的人或事物进行监控、跟踪、监听而又未履行技术侦查的审批手续，显然是对技术侦查相关规定的规避，由此所获得的证据也属于非法取得的证据。

那么，对于上述几种因侵害公民隐私权而获得的非法视频监控证据，是否需要排除呢？这就要从我国《刑事诉讼法》及相关司法解释的具体

---

① 476 U. S. 227（1986）. 转引自〔美〕约书亚·德雷勒斯、艾伦·C. 迈克尔斯《美国刑事诉讼法精解》（第一卷），吴宏耀译，北京大学出版社，2009，第96页。

② 533 U. S. 22（2001）. 转引自〔美〕约书亚·德雷勒斯、艾伦·C. 迈克尔斯《美国刑事诉讼法精解》（第一卷），吴宏耀译，北京大学出版社，2009，第100页。

规定来进行探讨。我国《刑事诉讼法》第 56 条规定："收集物证、书证不符合法定程序，可能严重影响司法公正的，应当予以补正或者作出合理解释；不能补正或者作出合理解释的，对该证据应当予以排除。"这一条是针对物证、书证的非法证据排除规则。从字面上看，该条规定的仅是物证、书证，没有规定我国证据法定分类中的其他实物证据和笔录类证据要进行排除，但这并不意味着我国的非法证据排除规则仅限于狭义的物证和书证，这里实际上是法律的一个无意的疏漏，是因为立法者的疏忽而未能将本应由法律调整的事项纳入法律条文含义之内，而不是故意将这几种证据排除于非法证据排除规则之外。① 因此对于这个漏洞需要进行填补，《解释》中的有关条款发挥了这种填补漏洞作用。根据《解释》中第 89 条、第 90 条、第 91 条、第 94 条规定，勘验、检查笔录、辨认笔录、侦查实验笔录、视听资料、电子数据的取证程序违法，且不能进行必要的补正与合理解释的，均不能作为定案的根据，也不能具备证据能力。可见，最高人民法院通过扩张解释，将非法证据排除的对象扩大到狭义物证、书证之外的其他证据种类。② 按照前文所述的证据分类，我国的视频监控证据作为一种兼具视听资料和电子数据性质的证据，当然也属于非法证据排除的行列。从全国人大对 2012 年《刑事诉讼法》修改的说明和解释中，也可看出这一点，如全国人大常委会法制工作委员会刑法室原副主任黄太云在解释非法物证、书证的排除规定时说："立法机关在对各种意见进行认真研究之后，考虑到中国的国情和实际情况，

---

① 并非法律欠缺规制的都属于法律漏洞，在法理上，仅当法律对其调整范围中的特定事项缺乏法律规则，也即对此事项"保持沉默"时，才有可能形成法律漏洞。然而，这种沉默可分为"无意识的沉默"和"有意识的沉默"。对于立法者无意识的沉默，需要以类推适用等漏洞填补方法进行填补，才能进行法律适用。但一般认为立法者有意识的沉默并非真正意义上的法律漏洞，立法者对要规范的事项故意未作规定有两种可能，一种可能是立法者根本就没有对此事项作出规范的计划，认为这并非法律应当规制的事项，另一种可能是立法者故意将该事项留给司法者作出决定。对于第一种可能，立法者的本意就是不想创设某种未规定的法律制度，所以此时不存在漏洞问题，更谈不上适用类推等漏洞填补手段。而第二种可能，则根本无须填补漏洞，仅是法律解释的问题，即通过司法者的法律解释就可以作出裁决。参见〔德〕卡尔·拉伦茨《法学方法论》，陈爱娥译，商务印书馆，2005，第 248~251 页。

② 参见陈盛、纵博《瑕疵证据规定的法律解释分析——以〈刑事诉讼法〉第 52 条为对象》，载陈金钊、谢晖主编《法律方法》第 15 卷，山东人民出版社，2014，第 353~363 页。

兼顾打击犯罪与保护人权的平衡关系，认为对实物证据和书证的排除应当采取十分慎重的态度，物证、书证原则上不应当排除，对需要排除的应当规定严格的条件。"此处，他就采用了"实物证据"的说法，且在文中其他地方也采用了"实物证据"的提法，而非"物证"。① 全国人大常委会委员郎胜也在对非法物证、书证的排除进行解释时提到，"大部分国家对于违法获得的实物证据，都没有规定绝对排除，而是区分情况作不同的处理"。② 综上可见，我国《刑事诉讼法》中可以进行非法证据排除的不仅是物证、书证，还包括其他实物证据。

但问题依然存在，依《刑事诉讼法》的规定，只有"收集不符合法定程序、可能严重影响司法公正的"证据才进行排除。那么，上述几种违法侵害公民隐私权或者违反技术侦查规定而获得的视频监控证据，是否属于这里所说的"不符合法定程序，可能严重影响司法公正"呢？这依然需要根据立法机关的解释进行判断。根据全国人大常委会法制工作委员会的解释，"不符合法定程序"是指不符合法律对取证主体、取证手续、取证方法的规定，"可能严重影响司法公正"是指收集物证、书证不符合法定程序的行为明显违法或情节严重，可能会对司法机关办案的公正性、权威性以及司法公信力产生严重的损害。③ 由这一解释可见，对于实物证据的排除，并不限于因取证程序违法而导致实体公正受到影响的情形，也包括对司法公正、权威和公信力产生影响的情形，这是一个较为广泛的概念，侵害当事人权利、损害程序公正等情形必然容纳在这一范畴之内。因此，违法侵害隐私权利的视频监控证据当然也属于排除的范围。当然，根据《刑事诉讼法》第54条规定，只有"可能严重影响司法公正"的才属于应当排除的范围，如果取证手段违法程度一般，不会造成对公民基本权利的严重侵害，也不会严重影响司法公正，就可以不排除。因此，这里法官还是享有一定的自由裁量权，对何谓"严重影响司法公正"进行判断。

① 参见黄太云《刑事诉讼法修改释义》，《人民检察》2012年第8期。
② 郎胜：《中华人民共和国刑事诉讼法修改与适用》，新华出版社，2012，第124页。
③ 全国人大常委会法制工作委员会刑法室编《关于修改中华人民共和国刑事诉讼法的决定：条文说明、立法理由及相关规定》，北京大学出版社，2012，第56页。

根据《刑事诉讼法》第56条规定，对于取证不符合法定程序、可能严重影响司法公正的物证、书证，应当先予以补正或者作出合理解释；只有不能补正或者作出合理解释的，对该证据才应当予以排除。也就是说，立法对于违法取得的物证和书证给予一次补正或合理解释的机会，但这里可以进行的"补正"或"合理解释"的情形应当进行限缩解释，不能理解为所有的取证不符合法定程序的物证、书证都可以进行补正或合理解释，而只有属于瑕疵证据的那一部分才可以先进行补正或合理解释。若不属于瑕疵证据，而属于取证程序严重违法、侵害公民基本权利的非法证据，就属于"不能补正或作出合理解释"的非法证据，应当直接排除。否则，就无法在瑕疵证据与非法证据之间进行界分，规定非法证据排除规则就没有什么意义了。① 对于不能补正或合理解释的证据（包括不能补正或合理解释的瑕疵证据及不应进行补正或合理解释的非法证据），就应当直接进行证据排除。

按照上述对法律及司法解释的归纳，对于前文所述的构成技术侦查手段、侵害公民隐私权而获得的三种视频监控证据，在决定是否属于应当排除的证据之前，首先要判断是否属于"可能严重影响司法公正"的情形，判断的标准就在于视频监控证据侵害公民隐私权的程度、涉嫌犯罪的严重程度、非法取证行为对社会造成的不良影响、对司法公正造成的危害程度和社会公共利益等几方面的因素。② 如果是对公民隐私权侵权程度较轻而获得的视频监控证据，且该证据对犯罪的证明作用较大，可以不进行排除。如果属于"可能严重影响司法公正"的情形，就要看是否属于瑕疵证据，如果属于瑕疵证据，经过补正或合理解释后，就可以采纳，如果无法进行补正或合理解释，就应进行排除。如果不属于瑕疵证据，就应当直接排除。

---

① 关于瑕疵证据与非法证据之间的区别及界分，可参见万毅《论瑕疵证据——以"两个证据规定"为分析对象》，《法商研究》2011年第5期；陈盛、纵博《瑕疵证据规定的法律解释分析——以〈刑事诉讼法〉第52条为对象》，载陈金钊、谢晖主编《法律方法》（第15卷），山东人民出版社，2014，第353~363页；纵博《刑事诉讼中瑕疵证据补正的若干操作问题研究》，《现代法学》2012年第2期；纵博、郝爱军《对瑕疵证据"合理解释"的解释》，《中国刑事法杂志》2012年第9期。

② 参见黄太云《刑事诉讼法修改释义》，《人民检察》2012年第8期。

因此，在上述三种侵犯公民隐私权的视频监控证据中，按照安装主体、安装位置、侵权方式、主观状态等，可分为以下情形分别处理。

第一，若侦查机关之外的其他主体出于故意或过失，在私人场所安装视频监控系统，或者通过安装在公共场所、半公共场所的视频监控系统对私人场所进行监控，或者利用视频监控的高级功能监控他人而获取的证据，虽然构成对他人隐私权的侵害，但无须进行证据排除，只需要追究行为人的民事责任、行政责任或刑事责任，就能达到制裁侵害他人隐私权行为的目的。因为非法证据排除只是针对侦查机关，而非针对个人。如在美国，联邦最高法院通过一系列案例表明其观点，即非法证据排除规则主要针对公权力机关的侦查取证行为，而非针对私人非法行为，对于私人侵害他人权利的行为，其他法律机制已经足以进行制裁，而无须借助非法证据排除的极端救济方式。[①] 而日本的通说也同样认为，此时不存在防止违法侦查的问题，私人的行为如果触犯刑法应当受到处罚，通常不需要排除证据。[②] 从立法目的及相关立法说明来看，我国的非法证据排除规则也并不适用于个人的非法取证行为，仅适用于侦查机关的非法取证。因此，在我国对于私人通过视频监控系统侵害他人隐私权情形的，可以按照《民法典》要求其承担民事责任；也可以按照《中华人民共和国治安管理处罚法》第42条规定，要求其承担行政责任；情节特别严重并构成其他犯罪行为的，可以直接追究其刑事责任，但其获取的视频监控证据依然可以在刑事诉讼中使用，无须排除。

第二，若侦查机关安装视频监控系统或侦查的过程中，因为安装、使用视频监控时的过失而导致公民享有隐私权的场所被纳入监控范围，或者是在按照系统设定自动旋转的镜头将公民隐私场所纳入监控范围，抑或者是系统具有自动检测和报警功能，对于特定的人或事物进行了自动检测和报警，并将相关情形拍摄记录下来，[③] 那么这些情形下对公民隐

---

① 参见王兆鹏《美国刑事诉讼法》，北京大学出版社，2005，第66页。

② 参见〔日〕松尾浩也《日本刑事诉讼法》（下），张凌译，中国人民大学出版社，2005，第127页。

③ 目前有一些高度智能化的视频监控设备，能够在电脑软件的控制下，自动检测可疑的人或物体，并进行追踪拍摄、报警，整个过程均无须人工操作。

私权的侵害就是"无心之过",并非恶意对公民隐私权造成侵犯,也不是为了规避技术侦查的审批程序,所以侵权程度就较为轻微,即便实际上对公民隐私权构成一定威胁和侵害,也是可以接受的,因此,这种非故意而导致的对公民隐私权的侵害,不构成非法技术侦查行为,可以视为未达到《刑事诉讼法》第56条规定的"可能严重影响司法公正"的程度。在综合考虑上述几个方面因素后,这些情形下的视频监控证据原则上可以不排除。但侦查机关必须对其无主观故意进行证明,若无法证明,则视为故意而为的非法技术侦查行为。

第三,如果侦查机关出于故意而实施上述监控行为,如为了取证明知是私人场所或者公共场所、半公共场所中的私人场所还私下安装视频监控系统,或者故意利用安装在公共场所、半公共场所的可旋转的监控镜头监控私人场所,或者为了规避技术侦查审批程序而利用视频监控系统的高级功能对特定人或事物进行监控、追踪,就属于非法技术侦查行为,对公民的隐私权构成了严重侵害,应归入"可能严重影响司法公正"的范围之内。所以按照《刑事诉讼法》第56条规定,对于这部分证据,应先判断是否属于瑕疵证据,只有属于瑕疵证据的那一部分可以进行补正或合理解释,如已经按照技术侦查程序进行报批,但因情况紧急在批准文书未下达之前而在私人场所或公共场所、半公共场所中的私人场所安装了视频监控系统,就可以由侦查人员出示技术侦查的批准文书进行补正或合理解释。如果不属于瑕疵证据,而纯粹是故意违法取证,就应当直接将证据排除而不应允许进行补正或合理解释。如果对于瑕疵证据未能进行补正或合理解释,也应当将该证据排除。

(二) 视频监控证据取证程序的合法性

所谓取证程序的合法性,即法律对取证的批准手续、方法或措施、取证范围等方面进行规制,取证必须符合这些程序性规定。如果违反,则获取的证据可能成为应当排除的非法证据。自2010年"两个证据规定"确立了非法证据排除规则之后,表明了最高司法机关从证据法角度对非法取证进行规制的态度,而《刑事诉讼法》在法律层面对非法证据排除规则的正式确立,则宣告了对非法取证的证据法规制进入了一个更为严格的时期，体现出对权力运行规范化的强调，尤其是国家强制性权力的规范化运行。正如全国人大相关负责人在解读非法实物证据排除规则时所言："即使非法取得的物证、书证本身不影响实体公正，但取证手段严重损害司法公正的，也应当予以排除，彰显了把严重违反法定程序所取得的真实实物证据加以排除，以牺牲个案公正为代价起到对侦查人员的普遍警戒和震慑作用。"① 可见，从对实体公正的重视转到对通过证据排除而规范权力运行，是证据法理念进步的体现。虽然我国的非法证据排除规则还存在若干不足，② 其实施效果也不尽如人意，③ 但在我国的证据法上却是一个不可否认的重大突破，体现出立法者对证据法实现人权保障、司法公正价值的认知，为证据立法多元功能的发挥提供了立法基础。

从立法文义上看，我国的非法证据排除规则对于非法言词证据的排除规定相对较为明确，但对于非法实物证据的规定则较为粗略。根据《刑事诉讼法》第 56 条规定，"收集物证、书证不符合法定程序，可能严重影响司法公正的"属于非法实物证据，但具体哪些情形才属于"不符合法定程序并可能严重影响司法公正"，需要司法人员进行具体判断。在取证程序方面，结合前述全国人大常委会法制工作委员会的解读，重点的规制应在于取证方法或手段、批准手续、取证范围等方面，若在这些方面未遵循《刑事诉讼法》及司法解释的相关规定，导致对司法机关办案的公正性、权威性以及司法公信力产生严重损害的，属于应当排除的非法证据。判断是否对司法公正造成损害，对公民权利的非法侵害程度

---

① 参见王尚新、李寿伟《〈关于修改刑事诉讼法的决定〉释解与适用》，人民法院出版社，2012，第 53 页。

② 如根据程雷的分析，我国的非法证据排除规则虽已确立，其实施却仍然面临着繁重的解释问题，对于何谓"排除"、排除哪一方的证据、何谓"非法言词证据"及"非法实物证据"等都需要进行解释，参见程雷《非法证据排除规则规范分析》，《政法论坛》2014 年第 6 期。

③ 对于非法证据排除规则的实施效果，近年来有很多实证研究，但调研结果都非常相似，即实施效果并不明显。参见孙长永、王彪《审判阶段非法证据排除问题实证考察》，《现代法学》2014 年第 1 期；李海良《非法证据排除规则适用情况之实证研究——以东南地区某法院为例》，《中国刑事法杂志》2013 年第 11 期；吴宏耀《非法证据排除的规则与实效——兼论我国非法证据排除规则的完善进路》，《现代法学》2014 年第 4 期；等等。

是一个非常重要的判断标准，因为法律对取证手段或方法、批准手续等方面的限制都是为了保护公民基本权利并以此维护司法公正，所以一般来说，对公民基本权利的非法侵害是和对司法公正的损害成正比的，故对于严重侵害公民基本权利的非法取证行为，所获证据应当认定为可能严重影响司法公正进行排除。

在视频监控证据取证手段合法性方面，应根据具体案件中案件范围、收集方式、批准程序、实施范围等角度，具体分析取证是否合法，所获证据是否属于可能严重影响司法公正的证据，是否应当排除。

1. 案件范围

根据上一节的分析，视频监控证据可能是被动的对案件事实的记录，也可能是主动利用视频监控对特定人或事物的监控，包括在私人场所安装视频监控系统或利用视频监控系统对特定人或物进行监控。在视频监控证据仅是被动记录案件事实时，证据的形成并无侦查人员的公权力介入，所以并无案件范围的限制，无论在何种案件中这类视频监控证据均可收集。而侦查人员主动利用视频监控对人或事物的监控则属于技术侦查行为，所以按照《刑事诉讼法》第150条规定，这种技术侦查行为不能随意适用于所有案件，只能在特定案件中适用，即"对于危害国家安全犯罪、恐怖活动犯罪、黑社会性质的组织犯罪、重大毒品犯罪或者其他严重危害社会的犯罪案件"以及检察机关立案侦查的利用职权实施的严重侵犯公民人身权利的重大犯罪案件，也就是说只有在明文列举的上述案件类型中，才能在履行严格的批准手续后使用视频监控对特定人或事物进行图像或声音监控，否则就违反了案件范围的规定。需要注意的是，上述列举案件类型中包括"其他严重危害社会的犯罪案件"的兜底类型，但对于这一兜底类型要进行严格解释，只能限于那些与明文列举的几类案件危害程度相当并且采取一般侦查措施无法获取必要证据，因此有必要采取视频监控高级功能进行监控的案件，如重大的危害公共安全案件，或者走私枪支弹药案件等。从比较法角度看，其他国家对于技术侦查也有案件范围的限制，如英国《2000年调查权管理法》规定案件范围为"有组织犯罪或可判处三年以上监禁的犯罪"，澳大利亚《1979

年电讯截取法》则规定电讯截取适用于"一级"或"二级"罪行，且该罪行必须至少可被判处 7 年以上徒刑。① 之所以各国均有类似的要求，是因为法律明确规定的这些严重犯罪案件，均具有较高的社会危害程度，并且取证往往较为困难，所以在保障侦查取证与公民隐私权之间经过权衡之后，准许使用技术侦查措施，但在一般案件中，基于保护公民隐私权和维护社会信任氛围的考虑，不允许使用技术侦查措施。因此，在一般的盗窃、抢夺等轻微犯罪中，只允许使用被动的视频监控记录作为证据，不应允许使用主动的视频监控进行追踪式监控或监听，否则所获证据就属于非法技术侦查所获证据。

2. 收集方式

按照安装使用主体的不同，视频监控证据可能来源于侦查机关（主要是公安机关）和其他主体（其他机关单位或个人）。对于来源于侦查机关的视频监控证据来说，一般是由办案人员从视频监控管理部门进行调取，虽然在实践中也要经过一定的批准手续，如在我们的调研中，如果公安机关侦查人员需要调取或复制视频监控资料，需要经过派出所领导或公安局指挥中心领导批准，但即便侦查人员未经批准而调取或复制，也仅是违反侦查机关内部管理制度，而未对公民基本权利造成非法侵害，也未违反法律的强制性规定，② 所以并不属于非法证据。对于来源于其他主体的视频监控证据，则要根据具体情况进行判断。如果其他主体在侦查人员询问或调查时，主动提供视频监控证据，侦查人员可以直接以"提取"的方式将该证据收集，无须使用强制性措施，所以不存在非法证据的问题。如果其他主体在侦查人员进行调查时，在有视频监控证据存在的情况下却未说明，或在侦查人员提出要求时拒不提供视频监控证据，就需要以搜查或扣押的强制性侦查措施进行证据收集，此时就需要侦查人员按照《刑事诉讼法》规定的搜查、扣押程序进行证据收集。如果未

---

① 参见孙煜华《何谓"严格的批准手续"——对我国〈刑事诉讼法〉技术侦查条款的合宪性解读》，《环球法律评论》2013 年第 4 期。

② 对视频监控证据的调取和复制程序规定，一般只是公安机关的内部规定，无论《刑事诉讼法》还是司法解释都没有对此进行规范。

办理搜查、扣押的批准手续，或者超越了搜查、扣押的范围而收集的证据，就属于非法搜查、扣押的实物证据。

3. 批准程序

视频监控证据的批准程序包括对构成技术侦查的主动监控的批准，以及对其他主体拥有的视频监控证据进行搜查、扣押的批准。我国《刑事诉讼法》第150条仅规定技术侦查需要经过严格的批准手续，但对于如何批准并没有具体规定。在批准主体方面，目前仅有的规定是《公安机关办理刑事案件程序规定》第256条规定技术侦查措施由设区的市公安机关负责人批准，检察机关决定实施技术侦查则不明确由何种主体批准。对于批准的判断标准、范围、流程则没有任何规定，在实践中各地也做法不一。学术界对技术侦查的批准问题提出一些建议，如有学者建议应由检察机关对公安机关的技术侦查进行批准，并应针对不同的侦查措施适用不同的批准程序。① 也有学者认为应由中立法官进行技术侦查的批准，申请批准的应为侦查机关的高级主管人员，在批准时要遵循重罪原则、必要性原则和相关性原则。②

法律设置批准程序的目的，是为了防止技术侦查这一类会对个人隐私和公共利益产生影响的强制侦查措施滥用，从而以批准的方式将实施技术侦查的权力分散化，从而达到制约和监督的作用。在理想的状态下，由一个独立且与申请主体无利害关系的主体对技术侦查进行批准是最为有效的规制方式，但在我国的司法体制下，却难以实现，因为法院和法官尚不具有完全独立的地位，在政治格局中也没有足够的力量，而检察机关则同时作为追诉者和法律监督者，缺乏足够的中立性。所以，学者建议由法院进行技术侦查的审批难以实现，而建议由检察机关进行审批虽然相对务实，却难以产生实效。因此，在当前的司法体制下，完善科层式的批准程序，以科层化监督制约机制对技术侦查进行规制，可能会产生更好的效果。具体而言，在公安机关的侦查中，技术侦查的申请首

---

① 参见王东《技术侦查的法律规制》，《中国法学》2014年第5期。
② 参见孙煜华《何谓"严格的批准手续"——对我国〈刑事诉讼法〉技术侦查条款的合宪性解读》，《环球法律评论》2013年第4期。

先应由侦查人员向相对高级别的侦查官员提出，如派出所所长、刑警队队长，在该官员同意后，以其名义正式提出申请，之所以如此，是因为这些官员直接负责对侦查人员的管理，对案件侦查进程最为熟悉，通过这一层次的制约，筛选不必要的技术侦查申请。如果这些官员同意提出申请，就报本级公安机关负责人批准，如果是县级公安机关，负责人批准后再按《公安机关办理刑事案件程序规定》要求报设区的市公安机关批准。同样，在检察机关侦查的案件中，由办案人员先向侦查机构负责人提出，由侦查机构负责人提出正式申请，然后再报检察机关负责人批准，交由公安机关执行。不仅在批准程序中要按照这种科层等级进行审批，在实施过程中，侦查人员应定期按照科层等级进行情况报告，以便上级官员作出是否继续进行技术侦查的决定。通过这种严格的科层化批准程序，能够以权力制约方式抑制不必要的技术侦查，强化对公民权利的保障，在我国的司法体制下，其效果可能要好于司法审查方式。

在批准的判断标准方面，由于法律已经规定了技术侦查的案件类型，所以就必须考虑这些案件中犯罪的危害性以及技术侦查的必要性，对必要性的考量要求通常只有在其他普通侦查措施难以收集证据的前提下，才能提出技术侦查申请，另外还应遵循比例原则的要求。具体到视频监控技术侦查的批准来说，应根据监控方式的不同进行具体判断。由于这种侦查措施中的大部分情形都对公民的隐私权具有直接的威胁，尤其是在私人场所安装视频监控系统的情况下，更是将公民隐私暴露于侦查人员眼下，具有声音录制功能的视频监控系统，即便安装在公共场所，也发挥了与监听相同的作用。所以，对于这种侵害性较大的视频监控措施，应当进行更为严格的控制，非到不得已时不应采用。对那些隐私侵害性相对较小的措施，如利用公共场所视频监控系统对特定人或物的监控，主要是对公民的行动自由权进行轻微的限制，对公民隐私权侵害较小，则可以放宽对必要性的要求，即便采取直接跟踪、布控等方式同样可以达到目的的情况下，也可以实施视频追踪监控。

在对侦查机关之外其他主体持有的视频监控证据进行搜查、扣押的批准程序上，特别值得提出的是，由于目前视频监控系统基本上都是数字化的，所以在搜查、扣押问题上，不仅包括传统意义上对实物证据的搜查、扣押，还包括对电子数据的搜查和扣押，视频监控证据的搜查、扣押必须同时符合对这两类证据的搜查、扣押程序要求，才是合法的。如对于储存于移动存储设备的视频监控证据，若要扣押该移动存储设备，属于传统物证的扣押，如果要对存储设备中的数据进行筛选和截取、复制，则属于电子数据的搜查和扣押。因此，在针对视频监控证据的搜查、扣押批准上，如果需要对存储设备的物理介质进行搜查、扣押，也需要对内存电子数据进行搜查、扣押，就必须同时办理两种搜查、扣押手续，或者在同一搜查、扣押手续中载明物理介质类对象和电子数据对象，不得使用概括式的搜查、扣押手续同时对物理介质和电子数据进行搜查、扣押。由于电子数据具有存储海量性、形态易变性、内容难以直接感知等特征，所以对于物理介质中电子数据的搜查、扣押，必须具有特定性，也不得对存储介质中所有数据进行概括式的搜查、扣押，以防对权利人造成无限制的隐私权侵害。国外对电子数据的搜查、扣押也有类似要求，如在美国，2009 年的美国诉奥特罗案（*United States v. Otero*）中，联邦第十巡回法院明确了搜查电子证据必须坚持特定化要求的理由，即授权广泛搜查电脑的令状是无效的。[①]

因此，对于构成技术侦查的视频监控，如果未经批准，或者在实施过程中超出了批准的方式和范围，所获得的视频监控证据就属于非法证据。而对于侦查机关之外其他主体拥有的视频监控证据，如果未办理搜查、扣押手续，或者搜查、扣押手续不完整，如未办理对电子数据的手续却对存储介质中的电子数据进行搜查或扣押，就属于非法证据。

4. 实施范围

视频监控证据收集的实施范围，即进行技术侦查或者搜查、扣押在时间、对象上的范围限制。

在视频监控技术侦查的实施时间上，根据我国《刑事诉讼法》第 150 条规定，只有在立案之后才能进行技术侦查，也就是说，如果要进行构成技术侦查的视频监控，只能在立案之后才能申请实施，实际上，根据

---

① 参见陈永生《电子数据搜查、扣押的法律规制》，《现代法学》2014 年第 5 期。

我国的刑事诉讼理论，在立案之前是不可以采取任何强制性侦查措施的，因此在立案之前，只能采取非强制措施收集、调取被动记录案件事实的视频监控证据。在期限方面，根据《刑事诉讼法》第 151 条规定，一般期限为批准之日起三个月，复杂、疑难案件可以经批准延期且每次延期不超过三个月，而并无最长期限的限制。由于视频监控式的技术侦查是直接对公民私生活的干涉，对公民隐私权造成最为直接的侵害，所以对于实施期限应进行严格的限制，在获取了必要证据之后，就应立即停止视频监控，并向批准机关报告，由上级官员决定是否继续进行视频监控；上级官员若在侦查人员的常规报告中发现无须继续进行视频监控，也可以主动命令侦查人员停止视频监控，使视频监控措施控制在合理的期限之内，防止对公民隐私权侵害的扩大化。

在视频监控技术侦查的实施对象方面，我国《刑事诉讼法》仅在第 152 条规定，"采取技术侦查措施，必须严格按照批准的措施种类、适用对象和期限执行"。但并未对如何确定实施对象作出明确规定。根据《公安机关办理刑事案件程序规定》第 255 条的规定，技术侦查措施的适用对象是犯罪嫌疑人、被告人以及与犯罪活动直接关联的人员。根据这一规定，技术侦查的适用对象范围限制主要是对人的范围的限制，而关键点在于何谓"与犯罪活动直接关联的人员"，因为其范围的解释决定了技术侦查能延伸到多大的实施范围，所谓"与犯罪活动直接关联"，包括与犯罪行为、犯罪场所、犯罪收益、犯罪结果等方面具有直接的联系，对其进行监控能够对证明、指控犯罪发挥直接的作用。因此，若要进行视频监控的技术侦查，侦查人员提出申请时应当证明被监控的对象与犯罪行为之间的关联性，如被监控者与特定犯罪行为、地点、财物之间的联系，若无法证明这种联系，则不得对该人进行视频监控。但有一个需要解决的问题是，如果在监控某人 A 时，偶然发现其他人 B 的犯罪行为，且 B 的涉嫌罪名不属于技术侦查适用罪名，由于对 B 并未办理监控批准手续，是否可以直接将对 B 的监控作为证据使用？之所以要解决这一问题，是因为要防止侦查机关以监控 A 为借口而故意对不属于技术侦查适用案件范围的 B 进行监控。从比较法角度来看，对于这种情形，美国的判例认为一般应重新提出申请，获得法官许可后方可具备可采性，否则只能作为侦查 B 案线索使用，但如果属于类似犯罪、不可分、默许授权几种情形，则作为例外可以具备证据可采性。德国的学说和实务也持与此类似的见解，认为若 A 与 B 罪名具有关联性，则对 B 的监控具有证据能力，若不具有关联性，则可作为侦查线索使用。[①] 可见，对于监控中偶然发现他案线索的情形，美德两国均不直接承认其证据能力，仅承认例外情形下的证据能力，一般情形则需经过补办手续之后方可作为证据使用。在我国，由于《公安机关办理刑事案件程序规定》已经将技术侦查的对象扩展至"与犯罪活动直接关联的人员"，为了防止对这种"直接关联"进行无限扩大解释，应当对偶然发现他案线索而形成的证据进行一定限制，这里的"犯罪活动"应限于 A 案的犯罪行为，而偶然发现的他案线索，若属于技术侦查适用案件范围，必须补办手续后方可作为证据使用，若不属于技术侦查适用案件范围，则只能作为侦查线索使用。

在对其他主体持有的视频监控证据进行搜查、扣押的时间方面，同样必须在立案之后才能采取搜查、扣押措施，主要的问题在于对数字化视频监控证据的搜查、扣押范围方面。由于电子数据具有存储海量性且内容难以直接感知的特点，因此在对存储视频监控证据的设备（如硬盘、移动存储设备等）内的电子数据进行搜查、扣押时，为了防止搜查、扣押范围的任意扩大化，侵害权利人的其他无关信息或文件，必须由具备专门知识的侦查人员采取特定的措施，将搜查、扣押范围限制在与特定犯罪有关的文件和信息，如"观察目录中列出的文件名称和类型、用关键词搜索相关术语、阅读存储器中文件的部分内容"等，[②] 将与案件相关的视频监控文件查找出来并复制，对其他无关的视频监控文件，不得任意查阅、复制，更不得任意查阅和复制权利人的其他无关信息和文件。实际上，这对于具有专门知识的侦查人员来说并非难事，因为目前的计算机取证软件具有常用查询和搜索功能，能够准确地圈定某个时间段、某种类型的文件、某个虚拟空间的电子数据，[③] 无须大规模横扫式搜查。

---

① 参见吴巡龙《刑事诉讼与证据法全集》，新学林出版股份有限公司，2008，第 147 ~ 153 页。

② 参见陈永生《电子数据搜查、扣押的法律规制》，《现代法学》2014 年第 5 期。

③ 参见刘品新《电子取证的法律规制》，中国法制出版社，2010，第 44 页。

因此，在立案之前进行视频监控技术侦查或搜查、扣押所获得的视频监控证据，或者超出批准期限而获得的证据，属于超越时间范围的非法证据。对批准对象之外其他主体进行监控而获得的证据，或偶然发现他案证据线索但未补办相关手续的，以及在进行搜查、扣押中超出与本案相关的范围而获取的证据，属于超越实施对象范围的非法证据。

综上所述，在视频监控证据的取证程序方面，违反案件范围、取证方式、批准程序、实施范围的情形，均会产生非法证据，但对于这些证据是否需要排除，同样应按照《刑事诉讼法》第 56 条规定，判断是否属于"可能严重影响司法公正"的情形，如果违法情节轻微，如在搜查视频监控文件时，查阅了特定日期之外的文件，但并未造成损害的，可以认为并未严重影响司法公正，无须进行证据排除。如果属于"可能严重影响司法公正"的情形，还要判断是否属于可以补正或合理解释的瑕疵证据，对于瑕疵证据，如在对视频监控文件进行搜查、扣押过程中，未在笔录或清单上记载全部视频文件名称的，如果能够补正或合理解释，仍然可以具有证据能力。如果不属于瑕疵证据，而是采取严重违法手段收集的非法证据，如未经批准的视频监控技术侦查所获证据，或为规避批准手续而故意实施的对其他案件的视频监控技术侦查所获证据，就应直接排除。

三 视频监控证据的真实性保障

在论及证据能力的要件时，已经对证据的真实性保障进行了简要介绍。所谓证据的真实性保障，即证据必须有一系列条件能够保障其客观真实性，如果不具备这些条件，证据就有很大可能（但未必一定）是虚假的，在这种情况下，为了不造成错误认定案件事实，只能将这些证据排除，否定其证据能力。因此，证据的真实性保障是证据能力的要件之一，与英美法系基于提高事实认定准确性的可采性规则功能相似。

在 2010 年之前，我国的《刑事诉讼法》及司法解释中并无保障证据真实性的证据能力规则，证据的真实性保障规则，在我国的出现始于 2010 年《关于办理死刑案件审查判断证据若干问题的规定》（以下简称

《规定》）中的若干规定。在《规定》中，突破了以往刑事诉讼法和司法解释中证据规则的范围，创设了一些新类型的证据规则，例如按照《规定》第8条规定，原物的照片、录像或者复制品如果不能反映原物的外形和特征就不能作为定案的根据；而书证的副本和复制件如果不能反映书证原件及其内容也不能作为定案的根据。之所以规定这种情形的物证、书证复制品不得作为定案根据，就是因为复制品如果无法反映原物、原件的全貌，有可能会使证据信息不全，导致错误认定事实。① 再如《规定》第13条规定的询问证人没有个别进行的、没有经证人核对确认并签名、盖章或捺指印的书面形式证言等四种情形下的证言均不得作为定案根据，这条规定同样是因为这几种情形下的证言因为互相影响、缺乏确认手段、未能准确翻译等原因可能会失真。② 除此之外，《规定》第20条、第24条、第26条第1款、第28条、第30条等条款分别对被告人供述与辩解、鉴定意见、勘验检查笔录、视听资料等证据也作出了类似的规定。根据上述条款规定，如果这些证据本身不符合某种形式要求，或者证据本身的性质而导致其真实性有疑问，就不得作为定案根据。2012年发布的《解释》中，在"证据"一章中也基本上全部吸收了《规定》中的上述条款。③

笔者认为，《规定》及《解释》中确立的上述证据排除规则，可以称之为证据真实性保障规则，也就是说，在针对各类证据的取证规程或针对证据的形式、属性要求中，包含了对证据真实性保障条件的要求，所以如果某种证据的获取违反了这种取证规程，或某种证据自身在形式性要求方面有严重缺陷，就会导致该证据具有较大的虚假风险，该证据也就失去了保障客观真实性所必需的条件，因此，为了避免这种证据虚假的危险以及错误认定案件事实的严重后果，就必须在证据能力判断的开端就彻底否定证据的证据能力，将其排除，不得将其作为认定事实的依

---

① 最高人民法院刑事审判第三庭编著，张军主编《刑事证据规则理解与适用》，法律出版社，2010，第118~119页。

② 最高人民法院刑事审判第三庭编著，张军主编《刑事证据规则理解与适用》，法律出版社，2010，第144~146页。

③ 参见纵博、马静华《论证据客观性保障规则》，《山东大学学报》（哲学社会科学版）2013年第4期。

据。但值得注意的是，失去了这种证据真实性的必要保障条件，却并不意味着证据必然就是虚假、伪造的，而只是因其虚假或伪造的可能性较大，在刑事诉讼中本着发现真实、保障人权的基本考虑，不可冒着这种虚假风险而将其采纳，否则很容易错误认定案件事实，因此只有本着宁纵勿枉的精神将其排除。反过来看，即便符合真实性保障而被采纳的证据，也未必就一定是客观真实的，也还存在虚假的可能性，如即便附有笔录或清单的物证或书证，依然可能是被故意放置于现场而对被告人进行陷害，但这种物证或书证究竟是否客观真实、其证明力是大是小，不是在证据能力审查阶段要判断的问题，而是要在证明力审查阶段进行判断。①

从《规定》中这类真实性保障规则来看，按照证据形式的不同，其真实性保障条件也各不相同。具体而言，《规定》为各类证据设置了如下的真实性保障条件。

第一，对物证和书证，主要是规范物证、书证的提取程序，以及规范物证复制品、照片和书证的复制件、副本的制作程序。因物证、书证是靠其自身所蕴含的证据信息对待证事实进行证明，因此，只要在取证上能够以其他证据证明该物证、书证确实来源于案件事实，且提取后进行了妥善的保管，就能够确定其具备真实性保障条件。对于物证复制品、照片、录像或书证的复制件、副本，情形就复杂一些，除了证明取证规程及保管链条的完整之外，还要证明复制品、照片、录像或复制件、副本的制作能够充分反映原物或原件的必要信息，必须将这些复制品与原物、原件进行核实，确认无误后才能作为证据使用。

第二，对于人证，也即证人证言、被告人供述和辩解、被害人陈述，主要是规范证人、被害人提供言词证据的能力，排除不能正确表达的人提供的言词，并排除没有直接感知基础的言词。更重要的是，《规定》对言词证据的取证规程进行严格的限制，排除没有个别取证的言词、没有签字确认的言词笔录、未提供翻译而获取的言词。因人证与物证、书证

---

① 对我国证据客观性保障规则问题的全面探讨，请参见纵博、马静华《论证据客观性保障规则》，《山东大学学报》（哲学社会科学版）2013年第4期。

不同，是靠人所提供的信息对事实进行证明，所以无法从外在的提取或保管链条方面进行真实性保障的证明，只能从作证能力和取证规范方面进行真实性保障的证明，不具备作证能力的人所提供的言词，自然无法保障真实性；取证规程的严重违法，不可避免地会导致证人或被害人之间交互感染、提供虚假的言词证据，甚至会导致伪造言词笔录，因此也无法采纳。

第三，对于鉴定意见，主要从鉴定人资格及鉴定程序方面进行规范，以保障鉴定意见的真实性。鉴定意见是以专门知识探求证据信息的证明手段，所以鉴定人必须具备应有的知识和技能，这是鉴定意见具有真实性的首要前提。其次，对于鉴定材料、鉴定程序和方法、鉴定样本、鉴定标准都要有严格规制，否则鉴定结果就会出现偏失，无法为法官提供准确的证据信息。因此，在这些方面出现问题的鉴定意见，都不应被采纳。

第四，对于各类笔录证据，主要是要求笔录制作必须严谨、认真，忠实记载事物的原貌，并要求勘验检查人员、证人签名对笔录生成情况进行确认。笔录是一种对原始证据进行转化的手段，属于示意证据的一种，因此笔录是否能够全面记载原始证据的必要信息，是决定其是否具备证据能力的首要因素。所以对于笔录类证据，主要考查其记录信息的准确性和完整性，若未能准确、如实记录，就不具备证据能力。

第五，对电子证据和试听资料，则主要考查其内容能否经审查或鉴定而确定为客观真实，其次对其制作和提取的过程也进行必要的规范，从其生成和提取过程的规范性角度确保其如实记载和传递证据信息。无法进行查证的电子证据、试听资料，以及制作、传递、收集程序中存在影响客观真实性的疑问，且无法排除虚假可能性的，不具备证据能力。

（一）视频监控证据真实性保障的内容

根据前文对证据的真实性保障的定义，所谓视频监控证据的真实性保障，就是当提出某个视频监控证据时，必须从该证据的生成、取证规程和保管等环节的角度证明该视频监控证据具备真实性的保障条件，不存在被篡改、伪造的可能性，也即从形式上证明该视频监控证据具有客观真实性的保障条件。如果能够证明这一点，该视频监控证据才具有证据能力，如果不能证明这一点，则视频监控证据就不具备证据能力。但在研究视频监控证据真实性保障方面存在的一个主要问题是，对于这种电子证据的真实性保障，需要证明哪些内容，是否与其他种类的证据如书证、物证等有不同之处，是否存在一些特别要求。

在国外的鉴真制度中，对于视频监控等电子证据的鉴真与其他书证、物证的鉴真原则上并无不同。在审查电子证据的证据能力时，遵循的是非歧视性原则，即不对电子证据的证据能力设置过高的条件，也不对其证据能力进行特别的考虑，因此，在对电子类证据进行鉴真时，基本上遵循的是与其他证据的鉴真相同的程序和要求。如美国《联邦证据规则》第901条（b）（9）规定，描述用于产生某种结果的过程或系统，并表明该过程或系统产生了准确的结果的证据，就可以满足第901条（a）的要求。也就是说，第901条（b）（9）中对系统产生准确性的结果的证据，足以对X光、照片、录像、计算机记录等证据进行鉴真。[①] 加拿大《1998年统一电子证据法》第5条第1款规定："在任何法律程序中，如果没有相反的证据，则可以通过那些支持如下裁定的证据，推定记录或储存电子证据的那一电子记录系统具有完整性：裁定该计算机系统或其他类似设备在所有关键时刻均处于正常运行状态，或者，即便不处于正常运行状态，但其不正常运行的事实并不影响电子记录的完整性，并且没有其他合理理由对该电子记录系统的完整性产生怀疑。"[②] 事实上，美国的法官早已基本上达成一种共识，即传统的鉴真规则依然适用于电子证据，电子证据与传统证据相比并不必然缺乏真实性，采纳电子证据并不需要更高的鉴真要求。[③]

具体到司法实践中，对于录音、录像证据在鉴真中需要进行哪些方面的证明，英美国家也有一些研究机构及学者进行过总结。如美国的国际警察首长协会（IACP）在针对视频证据的一份研究报告中，专门就视频证据在刑事司法中的鉴真问题进行探讨，该报告认为，对于视频证据

[①] 参见王进喜《美国〈联邦证据规则〉（2011年重塑版）条解》，中国法制出版社，2012，第314页。

[②] 参见何家弘、刘品新《电子证据法研究》，法律出版社，2002，第129页。

[③] 参见刘品新《美国电子证据规则》，中国检察出版社，2004，第54页。

的鉴真应集中在以下几个方面：①场所；②日期；③时间；④是否存在对图像的整体或部分修改。对于场所比较容易证明，而日期与时间往往是显示在视频证据上的，如果没有显示的话，就需要证人进行证明。最为关键的就是第四部分的证明，即证明视频中所录制的画面就是实际发生的事实，而对于数字化视频证据来说，要证明的则是视频中的画面就是准确的、完整的对事实真相的最初录像。对于这一点，通常需要证人宣誓作证进行证明，但当不存在这类证人时，就需要从技术上进行鉴真。另外，无论对于模拟的视频证据，还是数字化的视频证据，都需要进行保管链条的证明，因为对于这类证据来说，接触到证据的人都有可能会修改、伪造证据。为了实现对保管链条的证明，美国的科学家们发明了数种技术手段，如水印、数字签名、加密等。最后，为了对视频证据进行鉴真，有时不得不依靠专家证人，即由诚实的、名声较好的本领域专家对视频监控证据的完整性、可靠性进行证明。

美国有学者也对录像证据的鉴真内容进行了总结，根据该学者的观点，录像证据在生成和保存的过程中，可能会受到多种因素影响而发生失真、歪曲、伪造，因此，对录像证据的鉴真必须对所有容易被注意到的、不容易被注意到的、因录像系统本身造成的、由人为原因而造成的虚假之处进行审查，主要包括以下一些方面：

（1）在进行拍摄和录制时，因设备成像的原因而导致的图像与真实情况不一致；

（2）因录像制作者（或任何其他安装自动录像设备的人）的主观原因而导致的图像失真或歪曲；

（3）因录像录制的环境而导致的图像失真或歪曲，如背景光线、声音等；

（4）因录像设备或播放设备的性质而导致的失真或歪曲，如在法庭上使用电视机播放录像证据而导致的失真；

（5）因录像设备或播放设备的自身缺陷而导致的失真或歪曲；

注：即便将上述情形都予以考虑，各个不同的录像系统，包括录像系统的每个特定部分（如摄像机、录像机、录像带、存储设备、

编辑设备等）都有可能导致证据的真实性受到影响，无论这些部分
可能导致的影响是多么轻微。（此注释为作者在原文中添加）

（6）有经验的录像制作者在制作录像或者进行编辑时故意造成
的篡改或歪曲；

（7）有经验的录像制作者在制作录像时采用高级电影制作技术
（如好莱坞技术）而导致的篡改或歪曲，使本来未曾作出某种行为的
人在录像上显示的却是作出这种行为；

（8）在通常的编辑过程中故意造成的篡改或歪曲；

（9）在数字化编辑过程中故意造成的篡改或歪曲。[①]

由以上要点可见，该学者对录像证据的鉴真所应当证明的内容的归
纳主要集中在录像证据的生成阶段，而对于取证环节和保管链条则缺乏
应有的关注。实践中，录像证据生成环节固然可能出现虚假证据，但最
可能出现虚假、伪造证据的情况应当还是在取证和保管链条方面，因此，
对于录像证据的鉴真也应主要从这两个方面进行。

根据我国的法定证据分类，视频监控证据同时属于视听资料与电子
数据，那么对于视频监控证据的真实性保障，应当从哪些方面进行证明
呢？根据《解释》第 92 条、第 93 条、第 94 条所规定的对视听资料、电
子数据的审查重点及不得作为定案根据的情形，结合视频监控证据的属
性及特征，笔者认为应当从以下几个方面进行证明。

1. 视频监控证据的生成过程中，不存在影响其真实性的因素

首先，必须证明对于视频监控证据生成过程不存在影响其真实性的
因素。在视频监控证据的生成过程中，可能会影响其真实性因素主要
是监控系统自身可能存在的缺陷或问题，包括系统前端设备存在的问题、
传输设备存在的问题、存储设备存在的问题。对于视频监控系统的技术
标准，在我国公安部发布的《视频安防监控系统技术要求》（GA／T 367—
2001）及其主编的《视频安防监控系统工程设计规范》（GB 50395—2007）

---

① Jordan S. Gruber, Christopher M. Nicholson, Joshua A. S. Reichek, " Video Technology ",
Am. Jur. Trials 58 （1996）: 481.

中已经进行了较为详细的规定，然而，实践中安装的视频监控系统却未必能够完全符合这两个标准的要求，尤其是社会单位和个人安装的视频监控系统。有学者主张，对于使用不合格设备录制的视听资料，均不得作为证据使用。① 笔者认为这种观点太过偏激，对视听资料的生成要求太高，在目前的中国还不现实。系统设备不合格固然可能会影响视听资料的品质，但只要能够保障基本的真实性，所生成的证据依然是可采的，若一概排除，不符合证明资源有限性原理。所以在进行视频监控证据的鉴真时，对于不符合技术标准的视频监控系统所生成的视频监控证据，要审查该系统是否能够正常运行，是否能够客观、准确记录真实情况，若是能够正常运行、不会严重影响视频监控证据的客观真实性，所产生的证据就是具有证据能力的。另外，即便视频监控系统的各个组成部分均符合上述两个标准，也不意味着所生成的视频监控证据就必然具有真实性，因为视频监控证据的生成过程中会受到各种复杂因素的影响，如传输过程中受到雷击，就可能使图像丢失或损坏。因此，即便对于符合技术标准要求的视频监控系统所生成的证据，也要审查视频监控系统是否在该证据生成时运转正常。

2. 视频监控证据的收集过程中，不存在影响其真实性的因素

其次，必须证明证据的收集过程中不存在影响其真实性的因素。证据的收集环节可能影响视频监控证据真实性的因素包括证据的来源、取证的技术标准、固定证据的程序等。对于证据来源的证明，我国法律及司法解释实际上有明确的规定，如《刑事诉讼法》要求搜查、扣押要制作笔录并进行签名、盖章；《解释》要求对于视听资料、电子数据要附带相关的书面制作说明，复制件还要说明复制过程和原件存放地点等；《公安机关办理刑事案件程序规定》也要求搜查、扣押要制作笔录，并且在调取证据时要制作调取证据通知书，并对取证过程进行相应的记录，以证明取证过程及证据来源的合法性。但对于取证的技术标准及固定证据

---

① 参见何家弘主编《证据的审查认定规则——示例与释义》，人民法院出版社，2009，第291页。

的程序等，则缺乏相应的规定，尤其是对于电子数据、视听资料的取证技术规范，法律及司法解释都没有进行规范。但按照电子数据、视听资料的特征，对其进行的取证过程应遵循如下几点技术要求。

（1）对视频监控证据的提取，必须取得与视频监控系统中内容完全一致的文件，以保障证据的全面性。一般来说，目前的视频监控系统文件都存储在硬盘录像机或电脑硬盘里，提取、固定的方式主要是文件复制，而不可能提取视频监控系统的硬盘录像机或电脑硬盘。在复制文件时，为了保障证据信息全部被提取，就不能采取日常生活中的简单文件复制，而必须对磁介质中所有的数据按照其存放格式进行全部复制。复制视频监控证据的方法一般有两种，一种是利用系统自带的复制功能进行复制，另一种是根据监控视频的文件命名规律进行复制，[1] 但无论采用哪种方法，都必须遵循无损固定原则，保证所进行的是无损复制，将视频监控证据所包含的附属信息、环境信息等附随的信息全部复制，如文件生成时间、文件大小、修改时间等信息。[2] 对于视频监控证据，不可采用的复制方式是直接拍摄法和信息转录法。[3]

（2）在提取证据过程中，应当采取一定的措施保障证据的完整性。目前对于电子证据的技术保护措施有很多种，如数据隐藏技术、数据加密技术、数字签名和数字时间戳技术、数据摘要技术等，[4] 这些技术的主要功能都是证明证据在一定期间内没有被修改、删除，因此可以证明信息的完整性、真实性。因此，在固定视频监控证据时，最好是由具有计算机知识基础的侦查人员进行证据的收集和固定，以便在提取过程中采取上述保护措施，防止证据被删除、修改，同时也为诉讼中证明证据的真实性和完整性提供了保障。

---

[1] 参见廖根为《监控录像系统中人像鉴定问题研究》，上海人民出版社，2010，第 31 ~ 33 页。

[2] 参见刘品新《电子取证的法律规制》，中国法制出版社，2010，第 315 ~ 317 页。

[3] 所谓直接拍摄法，即直接对播放的视频进行拍摄而形成的文件，这将会大大降低视频的质量。所谓信号转录法，是指直接将显示器输出的信号转录为数字文件，这种方法受显示器的影响较大，也会降低数据的质量。参见廖根为《监控录像系统中人像鉴定问题研究》，上海人民出版社，2010，第 34 页。

[4] 参见蒋平、杨莉莉《电子证据》，清华大学出版社、中国人民公安大学出版社，2007，第 142 ~ 144 页。

（3）在提取证据之后，因为视频监控系统生成的文件未必是通用格式，因此，可能需要进行视频格式的转换。目前视频监控系统大多采用的编码技术有图像帧独立压缩技术、活动图像专家组（MPEG）系列标准和视频编码专家组（H.26X）系列标准。因不同地方播放设备的不同，可能需要在上述编码之间进行格式转换，在转换时，需要采用可靠的视频格式转换软件，在转换过程中，不能损坏视频的数据流，要保障电子证据的数据信息、附属信息和环境信息均完整无损。

（4）由于提取的视频监控一般比较长，所以有时需要进行编辑，但编辑只能是必要的编辑，如在长达数天的监控中，具有关联性的仅为其中几分钟的抢劫录像片段，必须进行编辑才能将该监控证据在法庭播放展示。但是编辑不得破坏监控记录的待证事实的完整性和连续性，如果不当的编辑导致无法精确反映待证事实，或者造成事实裁判者产生混淆、错误认识，就无法保障其可靠性，应当予以排除，防止造成错误认定案件事实。

在视频监控证据的收集中，为了在诉讼中证明取证过程遵循了上述技术规范，可以在传统的勘验、检查、提取笔录之外，采取录像的方式将取证过程固定下来。

3. 视频监控证据的保管链条完善，不存在影响其真实性的因素

在取证之后，一般会经过较长的时间案件才能进入审判阶段。在此期间，证据可能会在不同主体之间流转，如由技术人员交给侦查人员，再由侦查人员交给公安机关法制部门，然后再送还给侦查人员，再由侦查人员移送批准逮捕或起诉时交给检察人员，最后才随案卷移送到法院。为了防止在这些流转过程中发生对证据信息的修改、删除，应当建立完善的保管链条制度，即在每一个流转环节都有相应的书面手续证明经手主体的身份、时间、目的等，如果发生手续的间断或手续不全，就足以对证据的客观真实性产生怀疑。我国的法律及司法解释中，对于各类证据的保管链条问题并不重视，也缺乏相应的规定。但保管链条的完整性对于实物证据的真实性保障来说，是非常重要的。如果在保管过程缺乏相应的手续和必要的书面证明，证据在流转过程中极容易被他人修改、

删除、毁灭。在美国，对于录音、录像等证据，用保管链条的完善证明其真实性是一个通行的做法，对于录制品而言，无论是有证人的，还是没有证人而自动拍摄的，都需要提供从录制设备到提交法院的完整的保管链条的证明。[①] 因此，对于视频监控证据的真实性保障的证明中，我国也应重视证据的保管链条问题，将保管链条作为需要证明的内容之一。对于视频监控证据的保管链条，包括物理部分的保管链条及数据部分的保管链条两个部分，物理部分的保管链条即对视频监控证据的存储介质、载体的保管链条，数据部分的保管链条即通过数据的技术保护措施而设置的保管链条，只有这两个部分的保管链条都是完整无缺的，才能证明视频监控证据的真实性保障。

（二）视频监控证据的真实性保障的证明方式

在国外的鉴真制度中，对于鉴真的方式在立法中有一些原则性但并非绝对性的规定。如美国《联邦证据规则》第 901 条（b）对鉴真的方式作了一些列举，但在开头就明确说明："以下仅是能够满足该要求〔第 901 条（a）中的鉴真与辨认〕的证据的示例，这些示例并非全部清单：……"然后在第 901 条（b）的（1）至（9）列举了知情证人的证言、关于笔迹的非专家意见、专家证人或者事实审判者所进行的比对、关于声音的意见、关于电话交谈的证据、关于公共记录的证据、关于陈年文件或者数据汇编的证据、关于过程或者系统的证明这九种鉴真方式，并且在第 901 条（b）（10）中规定了一个兜底性的规定："联邦制定法或最高法院制定的规则所允许的任何鉴真或辨认方法。"可见，在美国《联邦证据规则》中，虽然进行了鉴真方法的列举，但并不意味着鉴真仅限于这些方法，更不意味着要求某类证据必须采取哪种鉴真方法，具体适用哪种方法，根据案件具体情况来进行。[②]《加拿大证据法》也零散地规定了一些鉴真的方法，如第 29 条第 2 款针对书证或记录的副本的可采性规定："……证明该副本是在通常和普通业务过程中制作的，以及

---

① 邱爱民：《实物证据鉴真制度研究》，知识产权出版社，2012，第 359～360 页。
② 王进喜：《美国〈联邦证据规则〉（2011 年重塑版）条解》，中国法制出版社，2012，第 310～313 页。

是在该金融机构的监管和控制之中，并且证明其是一份真实的副本。可以由金融机构的经理或会计师出庭口头作证或在专员或有权聆讯该宣誓证言的其他人士面前制作的宣誓证言作证。"这里所用的单词为"可以"（may be），是一种并无强制性的要求，如果可能的话，当事人也可以用其他可行的方式进行副本的鉴真。

根据美国、加拿大等国家的相关立法及判例，对电子类证据的鉴真可以采取以下一些方式。①诉讼当事人的自认可以使电子证据得到鉴真。即如果当事人通过自认的方式对电子证据的真实性表示认可，电子证据的鉴真即可完成，这是一种普遍使用的方法。②由适格证人通过具结作证方式证明为真的电子证据，可以使电子证据得到鉴真。所谓的适格证人，一般要对计算机有特殊的知识或经验，或者对计算机的运行及提供给计算机的数据有所掌握。③有证据证明计算机系统在关键时刻处于正常状态的，推定电子证据具有真实性，可以使电子证据得到鉴真。这一种方法非常重要，因为对于电子证据来说，系统的稳定性是至关重要的，一般来说，如果没有相反的证据证明系统发生故障或运行不正常，就可以直接推定电子证据的真实性、完整性。加拿大《1998 年统一电子证据法》第 5 条明确规定了这种鉴真方法："在任何法律程序中，如果没有相反的证据，则可以通过那些支持如下裁定的证据，推定记录或存储电子证据的那一电子记录系统具有完整性，即裁定该计算机系统或其他类似设备在所有关键时刻均处于正常运行状态，或者即便不处于正常运行状态，但其不正常并未影响电子记录的完整性，并且也没有其他合理理由对电子记录的完整性产生怀疑。"④附有电子签名的或附有其他适当安全程序保障的电子证据，推定具有真实性。⑤由适格专家鉴定未遭到修改的电子证据，可以使电子证据得到鉴真。① 需要注意的是，这里的"鉴定"与我国目前《刑事诉讼法》中的"鉴定"并不是一回事，这里的鉴定目的是使电子证据完成鉴真的任务，所以只需要证实电子证据未被修改、伪造即可，鉴定之后，电子证据就具备了证据能力，但其证明力如何，可能仍需要进一步鉴定。学者们也总结出一些电子证据鉴真方式，

---

① 何家弘、刘品新：《电子证据法研究》，法律出版社，2002，第 126~130 页。

如美国学者诺曼·M. 嘉兰等人就列举了三种对录音证据和照片真实性的鉴真方法，即宣誓证人的证词、保管链条和独有的特征。[①] 罗纳德·J. 艾伦教授则认为对录制品的鉴真分为有感知证人的录制品和无感知证人的录制品两种情况，前者需要证人对录制品制作过程进行解释说明，后者则通过证人之外的其他方式进行鉴真，等等。[②]

根据以上对其他国家相关鉴真方式的介绍，结合我国现行的法律及司法解释规定，对于视频监控证据的真实性保障的证明，主要可采取以下方式。

1. 推定方式

推定方式主要适用于视频监控证据的生成过程，也就是说，只要有证据证明视频监控系统在证据产生时运转正常，就可以直接推定视频监控证据具备真实性的保障条件。一方面，视频监控系统是一个复杂的系统，如果在诉讼中每次使用视频监控证据都要对整个系统的正常运行进行证明，对于当事人来说是一个不可承受的重负，即便对检察机关来说也是如此。另一方面，视频监控证据与其他电子证据也有所不同，主要内容是对人或事物的录像、录音，一般来说受系统运行的影响并不大，即便出现色调失真、图像扭曲等情况，也不意味着就是伪造的、经过篡改的，对其证据能力的影响不大。因此，对于视频监控证据的生成环节，应采用推定的方式，只要能够有系统管理者、操作者的证言，系统符合国家标准的书面文件等证据能够证明系统在证据生成时是正常运行的，就推定证据具有真实性的保障。这种推定是可辩驳的推定，即如果辩方对此有质疑，应当有必要的证据或提供必要的线索证明系统在录制和存储视频、声音时运行不正常，且严重影响证据的真实性，否则，仅提出系统不正常的抗辩，不能推翻视频监控证据真实性保障的推定。

---

① 〔美〕诺曼·M. 嘉兰、吉尔伯特·B. 斯达克：《执法人员刑事证据教程》，但彦铮译，中国检察出版社，2007，第 432 页。

② 参见〔美〕罗纳德·J. 艾伦等《证据法：文本、问题和案例》，张保生等译，高等教育出版社，2006，第 232～235 页。

2. 证人证言方式

证人证言主要适用于视频监控证据的取证环节。如前文所述，在取证过程中，必须遵循相应的技术规范，才能保障视频监控证据不因复制、格式转换、光盘刻录等环节中的错误操作而失去真实性、完整性。因此，除了制作相关笔录、对取证过程进行录像之外，还可以用证人证言的方式，对取证环节是否遵循了相应的技术要求进行证明。这里的证人可以是侦查机关进行取证的侦查人员，也可以是现场的见证人。

3. 书面笔录及取证录像

书面笔录及录像也主要适用于视频监控证据的取证环节。我国《刑事诉讼法》及司法解释已经对搜查、扣押、提取过程中要制作书面笔录进行了明确的规定，书面笔录不仅是证明取证过程合法性的方式，更是证明证据的真实性保障的一种方式，通过笔录中记载的规范的取证规程，可以反驳对证据真实性在取证中受到影响的质疑。为了补充笔录只可读、不可见的不足，在电子证据的取证过程中，进行录像是更好的选择，因为录像会更全面地记载取证过程，给他人判断取证过程是否符合技术标准留下足够的判断证据。

4. 专家的鉴定意见

对于真实性有重大争议的视频监控证据，可以诉诸专家鉴定意见以证明其真实性保障。[1] 这里的专家是指对数字化视频监控证据具有一定专业知识并能够对证据的真实性、完整性进行鉴定的人。鉴定包括对两个方面的鉴定，即对图像内容的鉴定及对数据内容的鉴定，鉴定的目的是为了发现是否在视频监控证据生成、收集、保管的环节中存在影响客观真实性的各种因素，而非对视频监控证据的真实性进行鉴定。但需要注意的是，即便专家出具了证据是客观的鉴定意见，也不意味着证据就能

---

[1] James A. Griffin, "A Prosecutor's Guide to Obtaining and Presenting Audio and Video Evidence", *DEC Prosecutor* 29（1995）：30.

直接作为定案根据，因为此时解决的依然是视频监控证据的证据能力问题，而不是证明力问题。对于视频监控证据最终能否成为定案根据，还要综合全案其他证据进行判断，如果需要的话，在对视频监控证据的证明力进行审查时，还要对视频监控证据再次进行鉴定，以确定其证明力。

5. 数据安全保护技术

对于视频监控证据的保存环节，可以采取数据安全保护技术对其真实性保障条件进行证明。在提取视频监控证据后，为了防止在流转环节被恶意篡改、删除，可以使用数据加密、数字签名等技术，这些数据安全保护技术可以给视频监控证据中的数据信息加上一个"安全阀"，防止没有权限的人访问数据，即便被没有权限的人访问，如果数据信息被篡改或删除，也会在数据中留下痕迹，结合其他证据也可调查出篡改、删除数据的人的身份和行为发生的时间。因此，对于采取了数据安全保护技术的视频监控证据，可以认定具备真实性保障。

6. 对方当事人的自认

如果在诉讼中，一方当事人对于不利于己的证据表示认可，那么自然就意味着证据为真实的可能性非常大，因此无须再以其他方式对证据的真实性保障进行证明。所以对于视频监控证据来说，如果在诉讼中辩方承认视频监控证据的真实性，本身就意味着视频监控证据的真实性是能够得到保障的，无须再采用其他方式进行证明。

第五章　视频监控证据的证明力

随着近年来英美法系国家证据法学思潮的涌入，我国的证据法学研究也开始转向证据能力规则的研究，部分学者呼吁"证据法学的理论基础应从认识论走向价值论",① 而对于证据法体系的构建，则有学者主张应走英美路线，构建以可采性为中心的证据规则体系，实现证据法学的研究转向，即实现中国的证据学之法学转型、人权法转型及相对于实体法的独立性转型。② 在这种趋势下，对英美法系非法证据排除规则、传闻证据规则、意见证据规则、品格证据规则、证人拒证特权规则等证据规则的研究在中国的证据法研究中近乎一统天下，而对英美及大陆法系证明制度的研究，如对证明对象、证明责任、证明标准的研究也如日中天，唯独冷却下来的就是对证明力的研究。大多数学者接受了自由心证的相关理念，认为证明力并非证据法学研究的对象，而是应付诸法官自由心证解决的问题,③ 所以并不是一个法律问题，而是一个经验问题或事实问题。因此，目前多数学者并未将证明力的研究纳入证据法学研究的视野，这一点从很多证据法的教材和论著根本就未将证明力作为一个问题进行阐述就能看出来。④

① 陈瑞华：《从认识论走向价值论——证据法理论基础的反思与重构》，《法学》2001 年第 1 期。
② 万毅、林喜芬、何永军：《刑事证据法的制度转型与研究转向——以非法证据排除规则为线索的分析》，《现代法学》2008 年第 4 期。
③ 这方面的文献较多，如何家弘《为"自由心证"正名》，《法学杂志》1997 年第 6 期；汪海燕、胡常龙《自由心证新理念探析——走出对自由心证传统认识的误区》，《法学研究》2001 年第 5 期；龙宗智《印证与自由心证——我国刑事诉讼证明模式》，《法学研究》2004 年第 2 期；秦宗文《自由心证研究——以刑事诉讼为中心》，法律出版社，2007；郑未媚《自由心证之基本要素——以刑事诉讼为中心》，《证据科学》2008 年第 2 期；等等。
④ 如陈卫东、谢平佑主编的证据法教材和何家弘主编的证据法教材中，均未将证明力作为一个单元进行探讨。参见陈卫东、谢佑平主编《证据法学》，复旦大学出版社，2005；何家弘主编《新编证据法学》，法律出版社，2006。

但正如学者所言，在立法和司法实践中出现了与上述学术研究趋势相反的方向，最高司法机关发布的司法解释中，包含了一些证明力规则，如最高人民法院发布的《关于民事诉讼证据的若干规定》《关于行政诉讼证据若干问题的规定》中，都有一部分证明力规则。① 《关于办理死刑案件审查判断证据若干问题的规定》中，除了有少数证明力规则之外，还对各类证据的审查判断进行了详细的规定，这些审查判断要点中，除了有证据能力方面的要件，还有证明力方面的要件。② 各地的司法机关也出台了各种包含证明力规则的地方性文件。在实践中，承办案件的法官们也非常渴望有这种具有法律效力的证明力规则作为办案指引。在分析为何会出现这种现象时，该学者认为，原因有以下几种，即"个体的事实裁判者渴望证明力规则、行政化的法院探求证明力规则、司法裁判的接受者认同证明力规则、案卷笔录中心主义的裁判方式催生证明力规则、重视证明力的诉讼文化塑造证明力规则、证明力规则是以证明力为导向的证据法的必然产物"。③ 最后，该学者认为，证明力规则是当下中国的必然产物，对此要同情、理解，但也并非绝对支持，对于我国的证明力规则，应当按照规则性质进行不同的处理。④ 不可否认的是，该学者的分析确实有道理，我国目前学术界对于证明力问题研究的冷落确实不符合实践的需求，因此值得证据法学界对此进行反思，并开展对证明力问题的适当研究。

根据该学者的考证，实际上，不仅在中国的立法及司法实践中对证明力规则具有一定的实际需求，即便在以证据能力规则为证据法体系核心的美国，也存在立法及司法中的证明力规则。如美国联邦宪法第 3 条第 3 款规定："无论何人，如非经由两个证人证明他的公然的叛国行为，或经由本人在公开法庭认罪者，均不得被判叛国罪。"这一条款本身就是一个证明力规则。在普通法以及判例中，存在更多的证明力规则，如证

---

① 参见《关于民事诉讼证据的若干规定》第 69 条、第 70 条、第 77 条、第 78 条；《关于行政诉讼证据若干问题的规定》第 63 条、第 64 条、第 71 条。
② 《关于办理死刑案件审查判断证据若干问题的规定》第 6 条、第 11 条、第 18 条等均是这种规定。
③ 参见李训虎《证明力规则检讨》，《法学研究》2010 年第 2 期。
④ 参见李训虎《证明力规则检讨》，《法学研究》2010 年第 2 期。

据补强规则、证言的证明力规则、行政程序中大量的证明力规则等。而且，还有美国学者系统地对普通法制度下证明力规则进行探讨，要求重新审视证明力规则的重要意义。① 因此，通过对美国证明力规则的考察，也可以为反思我国学界对证明力规则的态度提供一个参照。②

随着现代社会科技的发展，在司法程序中科技证据在事实认定过程中所发挥的作用也越来越大，各种技术专家在诉讼中也发挥着重要作用，因此，自由心证制度面临着重大变革。虽然各种科技证据的运用在一方面强化了裁判者心证的形成，但另一方面科技证据的运用也在一定程度上限制了裁判者心证的形成，因为法官、陪审员往往是科学证据的门外汉，在很多情况下法官、陪审员很难判断科技证据的可靠性，可能会误以为科学证据不容推翻，无条件认可其证明力，③ 对科技证据的这种盲目崇拜在司法实践中却可能造成绝对的荒谬。④ 因此，在科学证据日益重要的今天，针对这类证据的证明力问题展开研究，不仅不是对自由心证的束缚，反而是为了更好地发挥自由心证的优势，使裁判建立在对证据更为深刻的认识和理解的基础上。

当然，对证明力的研究目的并非在于要在立法中设置更多的证明力规则，而是通过证明力研究，为根据证据认定案件事实提供更多的方法论指导，也就是像美国的"新证据学"那样，对证据的证明机理进行研究，为裁判者认定事实的思维过程提供理论方法的支持。笔者赞同上述我国学者的观点，即只有在必要的时候，才可设置证明力规则。⑤ 之所以这样说，是因为证明力规则毕竟是自由心证的例外，作为一种强制性的证明力规范，如果能够合理设置的话，对于事实认定不仅没有坏处，而

① Charles L. Barzun, "Rules of Weight", *Notre Dame L. Rev.* 83（2008）：1957.
② 参见李训虎《美国证据法中的证明力规则》，《比较法研究》2010 年第 4 期。
③ 参见陈学权《科技证据论——以刑事诉讼为视角》，中国政法大学出版社，2007，第312 页。
④ 如近期在安徽亳州发生的一个案例中，农民王××被控杀人，案件中的证据仅有测谎结论、一把刀、被告人的口供、一些没有直接证明作用的证言，在案件中，测谎结论成为最为有力的直接证据，法院据此判决王××犯故意杀人罪。最终经过三次上诉后，王××被无罪释放。参见新浪新闻网《亳州农民莫名成杀人犯 测谎结果成"直接证据"》，http：//ah. sina. com. cn/news/s/2013 - 07 - 22/075061486. html \ 。
⑤ 参见李训虎《证明力规则检讨》，《法学研究》2010 年第 2 期。

且还能够减少错误认定案件事实，然而，值得怀疑的是人们是否有能力设置"合理"的证明力规则。正如达玛斯卡教授在其论著中所言："自由心证并非一种内在的价值，之所以禁止法律对证据评价活动作出预先规定，其认识论方面的理由仅仅在于，对于这一领域还没有能力设计出更好的规则。"① 也就是说，问题在于人类必须有足够的智慧创设合理的证明力规范，而在目前的条件下，人类还不具备这样的"大智慧"设置足够多的证明力规范。因此，只有在有十足把握的情况下，才可设置证明力规范，否则就会产生适得其反的效果。

因此，研究证明力问题，目的之一在于在适当的时候设置必要的证明力规则，将证明力问题中的规律性认识上升为规则，顺应我国司法实践对证明力规则的需求，为裁判者认定事实提供一定的依据。而另一个更重要的目的是通过对证明力问题尤其是科技证据的证明力问题的研究，阐明科技证据在诉讼证明中的证明原理，为法官理解这类证据提供知识支持，并为准确判断这类证据的证明力奠定基础。对证明力问题的研究并非像某些学者所认为的那样，是对证据法学研究内容的异化，② 相反，对这部分内容的研究是证据法学研究不可或缺的内容之一。即便在英美法系，虽然对于证据法学研究是否应当包括证明力研究几经起落，③ 但从近年来伴随着"新证据学"而兴起的对证明机理的研究来看，这一领域的研究必然对整个证据法学研究有着重要的推动作用，否则早已如法定证据制度般被淘汰在历史的大潮中。所以，对证明力问题的研究，完全可以作为证据法学者"理直气壮"的研究内容，而且与自由心证原则并

---

① 〔美〕米尔吉安·R.达玛斯卡：《比较法视野中的证据制度》，吴宏耀等译，中国人民公安大学出版社，2006，第229页。

② 参见易延友《证据法的体系与精神——以英美法为特别参照》，北京大学出版社，2010，第13～14页。

③ 在英美法系，吉尔伯特首先开始对一条最基本的证明力规则——最佳证据规则进行研究，其观点受到边沁的猛烈批判。在此之后，对证明力的研究衰落很长一段时间，直到威格摩尔再次重拾证明力研究，对英美各种证明力规则进行了详尽阐释，但随着威格摩尔对其一锤定音的评价，证明力规则研究再次陷入低谷。这次沉寂持续了几十年，到20世纪六七十年代，随着学者采取各种跨学科的研究方法对证明问题进行研究，证明力问题的研究也再次复苏。参见李训虎《美国证据法中的证明力规则》，《比较法研究》2010年第4期；封利强《司法证明过程论——以系统科学为视角》，法律出版社，2012，第31～37页。

无任何冲突。国内也有学者开始对证明力的认定问题展开研究，如何家弘教授对证据审查判断的研究就很值得借鉴，在其论著中，对各种证据的证据能力、证明力的审查判断要点进行了详尽的解释和说明，虽然其中每个审查判断要点都名为"规则"是有待商榷的，但何教授的研究中坚持证据能力与证明力并重、证据的采纳与采信分开的研究模式，无疑是值得推崇的。①

第一节　国外视频监控证据证明力的相关理论及实践

在探讨视频监控证据的证明力问题之前，可首先了解一下国外的相关理论和实践。对于视频监控证据的证明力，大陆法系基于严格的自由心证原则，不愿对证明力认定设置规则和指引，所以基本上没有这方面的研究成果。而英美法系从本质上来说也较为排斥证明力规则，但由于近年来英美法系证据学迅速发展，在研究领域上突破了证据规则一统天下的局面，开始向更为广泛的证明科学领域延伸，在证明机理方面与其他学科相结合，从科技发展、心理研究、逻辑推理、话语研究、概率分析等方面发展了证据学的研究主题，② 由于这些方面均与证明力有极为密切的关系，所以英美法系学者在证明力研究方面也取得了很大的成就。虽然并无系统、全面的研究成果出现，但在视频监控证据的证明力方面，英美法系国家学界和实务界可以提供以下值得借鉴的地方。

1. 视频监控证据本身的完整性、连续性问题

由于英美法系存在对证据的鉴真制度，所以在英美法系对视频监控证据的研究中，在证据的完整性、连续性方面，主要是从视频监控证据的证据能力角度，以证据鉴真的要求对如何认定视频监控证据的完整性、

---

① 参见何家弘主编《证据的审查认定规则——示例与释义》，人民法院出版社，2009。
② 参见封利强《司法证明机理：一个亟待开拓的研究领域》，《法学研究》2012 年第 2 期。

连续性进行探讨。但在探讨中，也包含了对证明力判断的方面，因为鉴真本身就是将证明力问题转化为证据能力问题的一种制度，所以不可能完全抛开证明力问题，所以在鉴真问题的探讨中同样对证明力判断过程中视频监控证据的完整性和连续性问题进行附带的探讨。从笔者掌握的资料来看，英美法系在视频监控证据的完整性、连续性方面，主要是对视频监控证据的编辑、准确记录方面的要求。

对于视频类证据的证明力来说，最常见的担忧就是编辑会导致其记录的事实发生改变，从而对事实裁判者形成误导。但编辑并不必然会使视频证据失去证据能力，只要进行编辑的人员能够充分说明编辑的内容，并对编辑作出合理解释，就可以使证据具有可采性。实际上，在很多案件中，对视频监控证据进行编辑是必要的，尤其是在提取了较长时间的视频监控，但其中有证明价值的仅有一小部分时长视频时，对其他无关的视频进行编辑是合理的，因为这部分与案件事实并无关联性。除非编辑对视频监控所记录的事实造成了本质上的影响，如导致无法准确反映记录的事实，一般来说编辑不会影响证据能力，而是对证明力有所影响，这就是说，如果编辑虽然未导致视频监控证据无法准确反映事实，但编辑使事实记录缺乏完整性和连续性，或者损害了图像中的某个要素，从而损害了对案件事实的证明价值。随着计算机技术的发展，对数字化视频的编辑和修改越来越方便，并且与传统的模拟视频录像带进行编辑有所不同的是，数字化视频的编辑无须通过"复制"后再进行编辑，而是重新创造出新的图像、声音数据然后再进行编辑，其图像、声音质量与原始文件并无任何差别，所以对其识别的难度更大，也对判断视频监控证据的完整性、连续性提出了更高的要求。[①] 因此，在识别编辑对视频监控证据的证明力影响方面，需要以科技手段辅助判断。

除了编辑之外，视频监控证据本身是否准确记录了事实也会影响其证明力。针对案件的待证事实来说，视频监控所记录的事实包括实质性事实和非实质性事实，前者如行为人的抢劫行为，后者如行为人抢劫时

---

① Jordan S. Gruber, Christopher M. Nicholson, Joshua A. S. Reichek, "Video Technology", *Am. Jur. Trials* 58 (1996): 481.

使用的手枪型号，如果视频监控未能准确记录实质性事实，就不具有证据能力，因为其对于案件事实并无证明作用，不具有关联性；如果未能准确记录非实质性事实，则只影响证明力而不影响证据能力。所谓"准确记录"，要求视频监控所记录的事实必须保持连续、精确的记录，片段的缺失和图像、声音的变形、歪曲等均会对连续性、精确性造成影响。之所以会产生这种记录的不准确，除了视频监控系统本身的原因之外，还可能是在对视频文件进行压缩的过程中，由于操作不当而产生重像、伪像。所以，对于视频监控准确记录事实的判断，有时需要由声像鉴定专家进行鉴定，揭示记录不准确的原因所在。

2. 人像识别的准确性及法庭录像分析专家证据的问题

在解决了视频监控证据的完整性和连续性问题之后，并不等于视频监控证据就有了完全的证明力，因为其证明力大小还取决于对解决待证事实有多大的证明作用，而视频监控中人像同一的识别与认定问题，就成为决定视频监控证据的证明力大小的关键问题，只有能够从视频监控中进行准确的人像识别，才能对被告人的犯罪行为进行充分证明，避免冤及无辜。在英美法系国家，对于视频监控证据的证明力并不是盲目推崇，相反，对于证人对视频监控中人像同一识别保持着强烈的怀疑态度，如对于熟人更容易辨别出视频监控中的人像是否与被告人同一的问题，就有研究认为并不一定如此，有时与被告人短暂接触的证人也能更准确地进行辨认。因此，对于视频监控证据的人像识别问题，英美法系以陪审团指示、法庭录像分析专家证据等方式防止对证据证明力的误解。

如在英国，上诉法院曾指出，对于视频监控中的人像同一识别，应当对陪审团作出指示，因为"当经验、研究和常识表明对某一特定证据的认定存在困难需要给陪审团作出指示时，就应当对该证据存在的风险和需要注意的事项对陪审团发出指示"。对陪审团指示的主要内容为"由于该证据形式相对较为新颖，对于这种证据证明力判断最为重要的几点是图像质量、人面部特征的曝光度、被告人外貌的变化、陪审团在法庭上观察被告人的机会和时间"。虽然对如何判断人像同一设置一个固定的指示模式是不合理的，但在大多数情况下，还是有必要对陪审团作出必要的指示，防止陪审团错误判断人像同一辨认的证明力。

在美国，同样也存在对人像同一鉴定的若干争议。如对于警察是否可以作为辨别人像同一的证人，法庭曾指出，警察并不具有证人适格性，因为警察并不比法官更有能力进行人像同一的辨别，除非警察在个案中具有准确辨别的前提条件，如与被告人非常熟悉，以至于可以轻易辨别。为了提高视频中人像辨认的准确率，近年来美国开始重视法庭录像分析的研究，即由法庭科学专家通过对录像进行科学审查、对比和评价，以解决法律上的事实问题，这是一个新的法庭科学分支。但这是否真的能成为一门法庭科学，在法律界不乏争议，因为根据美国的证据法传统及《联邦证据规则》的规定，[①] 只有在专家证据包含有效的科学知识，且该知识能够帮助事实裁判者理解证据或裁判某一事实时，才具有可采性，而视频中的人像识别、辨认，似乎是每个智力正常的人均可从事的工作。但在实践案例中，法庭录像分析却不断被法官采纳，并且发挥了实质性的作用。不仅在美国，在加拿大也同样存在类似的案例。从证据法理上看，法庭录像分析证据要具备可采性，需要具备的条件是：①该证据必须与审判中的争议事实具有关联性；②事实裁判者需要专家的辅助以裁判事实；③证据未被排除规则所排除；④专家必须适格。而要成功说服法官采信该专家证据，必须具备如下条件：①专家必须有能力就证据向法庭作出有效的说明；②检察官必须有能力提出该专家证据并捍卫其有效性；③法庭录像分析证据本身具有较高质量。由此可见，对于视频监控证据中人像同一认定的专家证据问题，美国和加拿大均认可其可采性，将其作为法庭科学证据来看待，但对其证明力，则并未盲从，而是根据专家证据的各种构成因素进行具体分析，由法官判断其证明力。法庭录像分析专家证据的证明力大小，也决定了人像同一认定的结果准确性，进而决定了视频监控证据本身对待证事实证明力的大小。

---

① 美国《联邦证据规则》第702条规定："在下列情况下，因知识、技能、经验、训练或者教育而具备专家资格的证人，可以以意见或者其他形式就此作证：(a) 专业的科学技术或者其他专门知识将会帮助事实审判者理解证据或确定争议事实；(b) 证言基于足够的事实或者数据；(c) 证言是可靠的原理和方法的产物；以及 (d) 专家将这些原理和方法可靠地适用于案件的事实。参见王进喜《美国〈联邦证据规则〉（2011年重塑版）条解》，中国法制出版社，2012，第212页。

3. 视频监控证据在认定事实中的作用问题

在英美法系国家，视频监控证据在事实认定中能够发挥何种作用，一般很少进行专门的论述，因为这属于陪审团或法官自由裁判的事项。但从实务中看，如果具有高质量的视频监控证据，是可以在没有证人的情况下仅凭视频监控证据认定案件事实的。在加拿大最高法院审判的 R. 诉尼科洛夫斯基案（*R. v. Nikolovski*）中，法官在判决中认为：

> 监控录像不会体验到任何压力，它在繁杂的事物中精确、客观地记录下所发生的一切。虽然它本身不能以言词方式作证，但它依然是一个中立客观的证人，能够准确地记忆一切。
>
> ……只要视频监控录像具有良好的质量，能够清晰地描述事实和行为人，它就能为证实犯罪行为人提供最佳的证据。在确定犯罪人身份问题上，视频监控具有相关性和可采性，能够提供令人信服的证据，实际上，在一些案件中可能是唯一的证据。例如，在抢劫案件中，可能所有的证人都被害了，但视频监控录像却依然准确地记录下抢劫过程和行为人的活动。

因此，在视频监控证据能够提供明确的、令人信服的证据的情况下，事实裁判者可以将其裁决建立在单一的视频监控证据的基础上。这一点从实践中发生的案例也可证实。如在加拿大法官审判的抢劫案中，对于没有证人但是有视频监控录像的案件，法官作出有罪判决；但在有证人却没有视频监控录像的案件中，法官却作出了无罪判决，可见视频监控证据在证明案件事实中的分量极高。

另外，在加拿大的 R. 诉尼科洛夫斯基案中，对于视频监控证据在证明案件事实方面的作用，法官还曾作出专门的指示规则：

(1) 如果能够证明视频监控证据没有经过修改、变造，能够准确描述犯罪事实，它就是具有相关性和可采性的；

(2) 图像的清晰度、质量以及图像的连续性是决定视频监控证据证明力的关键因素；

（3）逐帧（逐个画面）的分析，是应被允许的。

由此可见，对于视频监控在认定事实中的作用以及证明力的判定因素，英美法系法官制定了框架式的指引，对于司法实践来说具有一定的指导作用。但在另一方面，法官也认识到仅依靠视频监控证据认定事实存在的危险性，并对此作出指示，要求事实裁判者在仅凭视频监控证据认定案件事实时，必须十分"谨慎"，防止过度信赖视频监控而发生错误。

从以上对英美法系视频监控证据证明力相关理论和实践来看，实践中对视频监控证据证明力主要集中于证据自身的完整性、连续性以及视频监控证据的人像同一辨认、视频监控证据在认定事实中的作用等几个方面。从证明力判断的理论基础来看，证据的完整性、连续性是证明力的基础，只有具备完整性、连续性的视频监控证据，才能保障其真实性，从而具有较强的证明力，而人像同一辨认问题则主要是对证据内容与待证事实之间关联性的要求，只有能够确认人像的同一性，才能对待证事实发挥证明作用，但这仍然要以视频监控证据本身的真实性为基础，否则对虚假的视频监控证据进行人像同一认定，会导致错误认定案件事实。所以，从证明力判定的需求来看，视频监控证据的完整性、连续性和真实性应是研究的重点问题。但英美法系目前对视频监控证据这几个方面的研究并不多，仅是将其作为鉴真制度的附带问题进行探讨，而更多的是对人像同一认定问题进行研究，这种状况多少显得有些舍本逐末、不得要领，因为对视频监控证据尤其是数字化视频监控证据来说，其完整性、连续性、真实性问题更需要从其科技基础、证明机理、证明力认定指引方面进行研究，以为事实裁判者提供理论指导，英美法系在这方面研究的缺乏，不能不说是一个遗憾。但在人像同一认定方面的研究上，英美法系取得了一定的成果，突破了对视频监控证据的盲目推崇和信赖，是值得我们学习的。在视频监控证据在认定事实的作用方面，英美法系一方面认可通常情况下视频监控证据较高的证明力，另一方面又对如何判断其证明力作出若干指示，并对仅凭视频监控证据认定事实作出警告性的指示，这对于我国司法实践中发挥视频监控证据的证明作用也有一定的借鉴价值。因此，对于我国来说，应从视频监控证据的电子数据及视听资料这两种证据属性的特征入手，研究判断其证明力的原则和内容，以发挥对实务的指导作用，同时也应对与其证明力判断相关的若干问题进行探讨，包括人像同一认定的问题、伪造证据的鉴定问题、复制件的证明力问题、视频监控证据在定案中的作用问题等。

第二节　视频监控证据证明力的判断

一　视频监控证据证明力判断应遵循的原则

视频监控证据作为科技证据的一种，其证明力的判断也应当遵循对科技证据证明力的判断原则。按照陈学权博士的观点，对于科技证据证明力的判断，首先应当遵循自由评判原则。所谓自由评判原则，实际上就是自由心证原则，但也并非完全的自由心证，而是受一定限制的自由心证，这一原则包括如下两个方面："1. 与其他的证据相比，科技证据并不因为其'科技'特征而具有预定的、优先的证明力，其证明力仍然应由裁判者自由判断；2. 裁判者在判断科技证据的证明力时，应受到如下几点限制：（1）如果拒绝采纳某种科技证据，应当充分说明理由；（2）对应当采用科技证据证明的事实必须依靠科技证据认定；（3）对于已经被科学完全证实的科学原理或方法不得加以否定，对于所证实的伪科学或方法则不得认可。"[1]

其次，应遵循唯科技证据不得定罪的原则。这其实是科技证据的补强原则，也就是说，如果案件中仅有一个科技证据能够证明被追诉人实施了犯罪行为而缺乏其他证据印证，不得给被追诉人定罪。这项原则也就是我国司法实践中"孤证不定罪"原则在科技证据证明力认定上的理

---

[1]　参见陈学权《科技证据论——以刑事诉讼为视角》，中国政法大学出版社，2007，第313～316页。

论化。① 但这一原则如果过于绝对化，似乎也不尽合理，对此在下文还将进行论述。

具体到科技证据中的电子证据的证明力在审查判断中应遵循的原则，何家弘、刘品新则认为，应当遵循如下几个原则。

1. 自由判断为主、参照标准为辅原则

在认定电子证据证明力时，仍然应当以自由心证原则为主，不应对电子证据的证明力大小作出绝对化的规定，但另一方面，也要通过参照国家法律规定认定电子证据证明力的标准以及各种行业或机关颁行各种电子技术或信息技术运行的行业标准等方法，对法官对电子证据的审查活动进行一定约束。②

2. 平等赋予原则

所谓平等赋予原则，即在审查电子证据的证明力时，应给予电子证据的证明力与其他类型证据的证明力以平等待遇，不能因为电子证据易于伪造、不可靠而对其证明力作较低的或差别的评判，更不能因为对电子证据不信任而不愿使用电子证据，或者认为电子证据没有任何证明力。③

3. 综合判断原则

这一原则要求对于电子证据的证明力应当进行综合评价，无论电子证据在诉讼中作为直接证据还是间接证据，其证明力都不是单独发挥作用，而是与其他证据一起发挥应有的证明力。因此法官应当首先对电子证据进行必要的分类，然后对单个电子证据的证明力进行判断，最后再对全案证据的证明力进行判断，考察该证据是否能最终达到证明标准。④

笔者认为，视频监控证据作为广义上电子证据的一种，在判断其证

---

① 参见陈学权《科技证据论——以刑事诉讼为视角》，中国政法大学出版社，2007，第320~322页。
② 参见何家弘、刘品新《电子证据法研究》，法律出版社，2002，第135~137页。
③ 参见何家弘、刘品新《电子证据法研究》，法律出版社，2002，第138~139页。
④ 参见何家弘、刘品新《电子证据法研究》，法律出版社，2002，第139~141页。

明力时，基本上也是要遵循上述原则的。也就是说，在判断视频监控证据的证明力时，应当赋予其与物证、书证、被告人供述、证人证言等证据相同的证据地位，不得因其易于伪造就不敢使用这种证据，也不得因其属于新型证据，就对其证明力进行差别判断。对视频监控证据的判断也以自由心证为主，但对于相关的技术问题，如视频录制的原理、储存的方式、数字化视频修改途径与判断等方面的问题，法官在审查判断证据时要遵循相应的科学原理而不能随意判断，为此就需要在这些方面对法官进行必要的指引。在判断视频监控证据最终的证明力大小时，也应将其作为证据的一种，结合其他证据最终确定案件事实，但并不表示必须要有足够的证据印证才敢于裁判，因为在某些情况下，视频监控证据如果是足够优质的证据，没有其他证据同样可以定案。

二　视频监控证据证明力判断的核心

对于证明力的判断包括哪些内容，基于自由心证原则，各国在立法中往往不会直接进行规定，若有相关规定，也是从反面对自由心证进行限制，从而间接对证明力进行规范。如我国台湾地区"刑事诉讼法"规定自由心证不得违背经验法则及论理法则，就是这种限制性规定。[①] 再如我国《刑事诉讼法》规定的口供补强规则，也是对证明力的间接限制。因此，对于证明力审查应当包含哪些内容，主要是由证据法理论进行总结。但问题在于学界的总结并不具体，而是一些较为空洞的理论性总结，对于实践的指导意义不大。如何家弘教授认为，证明力包括真实性和充分性两个方面的内容。真实性即对证据是否属实要进行明确，充分性可以是就单个证据而言，也可以是就整体证据而言，对单个证据来说，是指该证据应该能够证明某个事实或情节，而对整体证据来说则是指就案件中的全部证据而言，这些证据已经具备足够的证明力来证明案件的真实情况。[②] 可见何家弘教授的总结只不过是对我国"证据确实、充分"证

---

① 我国台湾地区"刑事诉讼法"第 155 条第 1 款规定："证据之证明力，由法院本于确信自由判断。但不得违背经验法则及论理法则。"
② 参见何家弘《论证据的基本范畴》，《法学杂志》2007 年第 1 期。

明标准的理论改造而已，对于司法实践没有什么操作意义。再如陈卫东、谢佑平认为，证据的证明力体现在客观性和关联性两个方面，对证明力的认定，实质上是对某一证据本身是否具有客观性以及与待证事实是否具有关联性的确认。[①] 这种看法也无异于宣布传统的证据三性中的客观性和关联性是证明力的内容，对于司法实践也毫无益处。

实际上，对于形形色色的证据来说，要总结其证明力的审查内容基本上是不可能的。因为各类证据性质不同，其证明机理也有所不同，因此不可能从理论上总结出适用于各类证据的证明力判断的内容。例如，书证与证人证言的证明力判断内容就截然不同，书证要审查的内容是是否真实、是不是具有较强证明力的特信文书、是不是与原件相符的复印件、是否是签名文书；而证人证言要审查的内容是证言内容是否真实、是否符合常理和逻辑、证人与当事人的关系、证人品格等方面。所以，与其对各类证据的证明力判断内容进行总结，不如分别对每类证据的证明力如何判断进行梳理，这样才能对司法实践具有更大的指导意义。

因此，对于电子类证据的证明力判断来说，可以针对这种证据的特征及证明机理，研究应从哪些方面判断其证明力。因电子证据在法律上还属于新事物，所以有部分国家的立法明文规定这类证据的证明力判断内容。如菲律宾2001年制定的《电子证据规则》就规定，"在评价电子文件的证明力时，应当考虑下列因素：（a）在具体环境和相关协议的情况下，生成、存储、传输电子文件的方法或方式的可靠性；（b）识别电子文件发端人方法的可靠性；（c）电子文件赖以记录或存储的信息与交流系统的完整性，这些系统包括但不限于所使用的硬件、计算机程序或软件以及程序错误；（d）证人或登录者对该交流与信息系统的熟悉程度；（e）进入电子数据或者电子文件赖以存在的信息与交流系统的信息的属性和品质；（f）法庭认为将影响电子数据讯息或电子文件准确性或完整性的其他因素"。[②] 而1996年联合国国际贸易法委员会在拟定《电子商务示范法》时，也在该法第9条规定，在评估一项数据电文的证据力时，

---

① 参见陈卫东、谢佑平主编《证据法学》，复旦大学出版社，2005，第386页。

② 何家弘、刘品新：《电子证据法研究》，法律出版社，2002，第142页。

应考虑生成、存储或传递该数据电文的办法的可靠性，保持信息完整性的方法的可靠性，用于鉴别发端人的方法以及其他任何相关因素。[①]

由菲律宾的《电子证据规则》和联合国国际贸易法委员会的《电子商务示范法》中的规定来看，对于电子类证据的证明力，有两个关键的要素：可靠性和完整性。另外，关联性也是决定证据的证明力大小的重要因素，但电子类证据的关联性与其他证据的关联性并无不同，都取决于以下几个方面的问题：①所提出的电子证据要证明什么样的待证事实。②该事实是否是案件中的实质问题。③所提出的电子证据对该实质问题的证明作用有多大。[②] 视频监控证据作为一种电子证据，在证明力判断中的关联性问题主要是人像同一的辨认和识别问题，对于超出常人认知水平的人像同一辨认，需要进行必要的鉴定，这一点将在下文进行论述。而可靠性和完整性则是判断电子证据的核心标准，因此对这两个标准进行探讨对于判断电子证据证明力具有较强的指导意义。从根本上看，视频监控证据的证明力大小主要受制于可靠性、完整性两个因素，这是其证明力的基础所在。所以下文从视频监控证据的角度，对这两个因素进行探讨。

1. 视频监控证据的可靠性

可靠性也即电子证据的真实程度，是衡量电子证据证明力的一个重要指标。对于电子证据的真实性，往往无法像判断其他证据那样采取非真即假的方式，因为电子证据可能处于半真半假、真假混合的状态，可靠性就是反映电子证据本身真实程度的一个标准。视频监控证据也是如此，在生成、提取、固定、流转的过程中，可能会有多种因素影响其可靠性，导致证据不能证明案件的真实情况，因此对于视频监控证据来说，要使其具有证明力，必须经过可靠性审查。

需要说明的是，这里的可靠性与证据能力审查中的真实性保障并不相同。真实性保障是一种对电子证据的客观真实性进行的表面的、低标

[①] 参见何家弘、刘品新《电子证据法研究》，法律出版社，2002，第143页。

[②] 参见麦永浩《电子数据司法鉴定实务》，法律出版社，2011，第38页。

准的判断，主要是审查是否有影响电子证据真实性的因素存在，而不是为了审查证据本身究竟真实程度如何；对真实性保障的证明标准要求较低，一般只要达到优势证据标准即可，而对于证据的可靠性则要达到排除合理怀疑的高度；真实性保障是一种形式上的真实性证明，可靠性则是实质性的真实性证明；真实性保障是决定证据是否具有证据能力的因素，可靠性则决定了证据的证明力大小；不具备真实性保障的证据，根本谈不上可靠性，但具备真实性保障的证据，其证明力也未必很大，如虽然视频监控系统能够正常运行这一点得到了证明，证据就具备了证据能力，但如果该系统较为落后，无法摄制高清画面，或者因镜头只能固定而无法转动导致不能反映事实的全貌，就会影响视频监控证据的证明力。因此，在研究中应当区分证据的真实性保障与证据的可靠性。①

视频监控证据的可靠性主要从以下几个方面进行判断。

（1）在视频监控证据生成环节中，是否具有影响其可靠性的各种因素。对视频监控证据的真实性保障审查中，对证据生成环节的审查主要是审查证据生成所依赖的系统设备运转是否正常，是否具备应有的监控、存储功能。只要该系统能够正常运行，能够客观、准确地记录真实情况，就满足了证据真实性保障的条件。在可靠性的审查中，仅仅证明系统正常运行往往是不够的，还要证明视频监控证据是否是按照通常的运作程序进行工作的；是否被操作人员或其他人员进行过编辑或修改；在自动监控设备中，是否存在可能导致证据可靠性受影响的故障或缺陷；对于视频监控证据的人工操作部分，是否遵循了相应的程序；视频监控信号在传输和存储中，是否有电子干扰、恶意病毒等影响其可靠性；等等。所有这些情况都可能会影响视频监控证据的可靠性，因此都需要进行仔细审查。

（2）在视频监控证据的收集过程中，是否具有影响其可靠性的各种因素。在视频监控证据的收集中，可能有许多影响证据可靠性的情

---

① 刘品新博士将证据的客观性保障称为"真实性"，并且也认为应当区分"真实性"与"可靠性"，但在汉语中，"真实性"与"可靠性"的区别实在是难以明确界定，而"证据客观性保障"则与"可靠性"区别更为明显。参见刘品新《美国电子证据规则》，中国检察出版社，2004，第32页。

形，因此，需要审查如下一些内容：是否采取了全面、无损的证据固定方式，是否导致文件或数据的遗漏；在复制文件、光盘刻录等过程中，视频监控证据文件是否被他人篡改、伪造；如果采取了数据安全保护技术，是否能从技术措施中发现证据被篡改、删除、伪造的迹象；在处理模糊化图像时，是否会导致图像、声音失真而形成错误辨认被监控对象；等等。

（3）在视频监控证据的流转过程中，是否具有影响其可靠性的各种因素。在视频监控证据自收集至审判的较长时间内，证据会流经不同主体，在这个过程中，可能会被人伪造或篡改，因此，需要对证据流转过程中是否发生证据的伪造或篡改进行审查。对这一点的审查主要是通过完善的证据保管链条以及对证据自身的鉴定。

对视频监控证据可靠性的证明可以采取两种方式，即正面证明方式及推定方式。对于视频监控证据在收集及流转过程中未曾发生篡改、伪造、删除等现象的证明可以用正面证明方式，以鉴定意见、证言、各类笔录及取证录像等证据进行证明。而对于视频监控证据生成环节的可靠性问题则可以采用推定方式，即只要有证据证明视频监控系统的图像采集、声音拾取、系统传输、资料保存等功能及相应的硬件、软件都是可靠的，就直接推定视频监控证据是可靠的。之所以采取推定方式，是因为在视频监控系统日趋复杂的情况下，要证明视频监控证据生成环节中完全是可靠的是很困难甚至不可能完成的任务，其中涉及电子技术、计算机技术、网络技术等方面的专业知识，一般检察人员和侦查人员根本无力从数据原理方面进行证明，因而只能退而求其次，从视频监控系统的硬件、软件的可靠性推定视频监控证据的可靠性。[1] 除非另有证据推翻这种可靠性推定，如辩方提出证据证明视频监控系统因前端设备故障而导致录制图像有中断（例如只拍摄到被告人出入案发场所，却未能准确拍摄到其他出入案发场所的人），因此缺失了重要片段影响对案件事实的

---

[1] 加拿大统一法全国委员会在对其《1998 年统一电子证据法》第 4 条第 1 款的注释曾对推定问题指出："通过直接提出证言证明被认可的个别记录的完整性（可靠性），经常是不可能的；这时就可用系统的可靠性来代替记录的可靠性。"转引自何家弘、刘品新《电子证据法研究》，法律出版社，2002，第 149 页。

认定，否则视频监控证据的可靠性就被维持。

这里对视频监控证据可靠性的推定与对证据真实性保障的推定有相似之处，但也有所不同。对可靠性的推定中，基础事实是视频监控系统的硬件、软件都是可靠的，并且各种功能也是正常的，而对真实性保障的推定中，基础事实是视频监控系统在证据产生时运转正常的；对可靠性的推定中推定事实是证据具有可靠性，并因此具有相应的证明力，对真实性保障的推定中推定事实则是证据具有真实性保障，并因此具有证据能力；对可靠性推定的推翻要求提供证据证明视频监控系统软件、硬件不可靠或功能欠缺，对真实性保障的推定的推翻则只需提出证据证明在生成证据时系统运转不正常即可。

2. 视频监控证据的完整性

完整性是电子证据证明力的一个特殊指标，所谓完整性，包括两个方面的完整性，即电子证据本身的完整性与电子证据所依赖的系统的完整性。电子证据本身的完整性是构成电子证据原件的一个重要因素。根据联合国国际贸易法委员会《电子商务示范法》中对完整性的相关规定，评判电子证据的完整性，应包括如下几个方面的标准："除加上背书及在通常传递、存储和显示中所发生的变动之外，有关信息保持完整未被改变；根据生成信息的目的并参照所有相关情况来评定所要求的可靠性标准。"因此，从该规定可见，电子证据本身的完整性是指证据内容保持完整和未进行改动，尤其是不得对电子证据进行非必要的添加或删减。[①] 而电子证据所在系统的完整性则包括以下几个方面："记录该数据的电子系统在关键时刻处于正常运行状态；在正常运行状态下，电子系统对数据进行完整的记录；该数据记录必须是在业务活动当时或即后制作。"[②]

需要说明的是，电子证据的完整性与可靠性不同，如果对具有可靠性的电子证据进行篡改，则该证据失去可靠性，但如果对证据进行增加或删减，该证据仍具有可靠性，但不具有完整性，而只有具有完整性的

---

① 参见蒋平、杨莉莉《电子证据》，清华大学出版社、中国人民公安大学出版社，2007，第 171 页。

② 参见何家弘、刘品新《电子证据法研究》，法律出版社，2002，第 152 页。

电子证据才具有较强的证明力。①

由以上电子证据的完整性概念可知，视频监控证据的完整性也包括两个方面，即视频监控证据本身的完整性以及视频监控系统的完整性，对这两个方面应进行如下审查判断。

对视频监控证据本身的完整性主要审查是否存在对证据信息的非必要添加或删减，如将他人的图像添加在视频监控图像中，或者将他人的声音进行编辑并添加到声音信息中，或在附随信息中添加虚假信息，或者对图像、声音、附随信息进行删减。这一审查往往需要原始的视频监控证据信息作为比对的参照物，如果视频监控系统中没有保存相应的原始文件，就难以进行视频监控证据自身的完整性审查。

对视频监控系统的完整性主要是审查在生成视频监控证据时，系统是否处于能够完整记录客观事实的状态，对客观事实的记录是否全面、完整，以及是否与客观事实同步。对视频监控系统的完整性，可以采取推定的方式进行判断，即只要监控系统软件、硬件均运行正常，就推定视频监控系统能够完整记录客观事实；或者由视频监控系统处于日常运行状态中未发生任何其他影响监控效果的情况，就推定记录客观事实的完整性。

三 视频监控证据证明力判断中的若干问题

（一）人像同一鉴定及伪造视频监控证据的鉴定问题

在视频监控图像较为清晰，可以直接进行人物同一认定，或者在控辩双方对视频监控证据的真伪并无争议的情况下，法官可以直接对其证明力大小进行评判，但在实践中，由于视频监控证据常常较为模糊，且被识别对象自身也会随时间而发生一些变化，所以对于进行人物的同一认定来说，往往无法靠肉眼进行准确的判断。如前文所述，人像同一的识别也是确定视频监控证据与待证事实之间关联性大小、证明力强弱的

---

① 参见蒋平、杨莉莉《电子证据》，清华大学出版社、中国人民公安大学出版社，2007，第171页。

关键，因此对于法官来说，当人像同一认定的难度超出普通人的认知能力时，就必须依靠科学技术进行辅助，才能对证据的证明力进行准确判断。另外，随着数字化技术的不断发展，对视频监控证据进行篡改变得越来越容易，普通人依靠一般经验或知识，难以对是否存在伪造情形进行判断。因此，对于图像中人像与被识别对象是否同一、视频监控证据是否存在伪造情形，就需要进行鉴定，才能准确判断其是否真实可靠、证明力大小。当然，按照鉴定意见的一般原理，法官并不需完全被动采纳，而要对鉴定意见进行审查判断以决定是否采纳。下文对人像同一的鉴定以及伪造视频监控证据的鉴定进行简要介绍。

1. 人像同一鉴定

所谓人像同一鉴定，即对视频监控图像中的人与被识别对象是否为同一人进行鉴定。在诉讼中，如果对于视频监控证据中的人物是否与被识别对象同一存在疑问，就无法将该证据作为定案根据，如果该证据为关键证据，甚至会导致控诉的失败，因此为了使证据充分发挥证明力作用，在必要的时候应对视频监控证据中的人物进行同一鉴定。在进行实证调研时，我们发现由于视频监控图像普遍较为模糊，而且人本身在外貌、穿着、特征等方面也会发生变化，使普通人难以进行准确辨认，因此在很多案件中难以进行主体同一的认定，导致很多视频监控证据未能作为证据使用。这一方面是由于司法人员对证据的运用意识不强，另一方面也说明对于视频监控证据的人像同一鉴定仍未能普及运用。实际上，那些模糊的视频监控图像完全可以通过人像同一鉴定，对案件事实发挥一定的证明作用，甚至可以作为定案根据，而没有必要因其不清晰将其舍弃。关键在于人像同一鉴定意见能否被法庭采纳，这就取决于人像同一鉴定所采取的方法是否科学。

一般来说，视频监控图像存在的模糊主要有以下几种情况：①运动模糊，即当图像被分为帧的静态图像时，会发现明显的运动模糊现象；②离焦模糊，即如果被拍摄的物体位于摄像机的景深范围之外，则会使图像变得模糊；③光线模糊，视频监控系统中的 CCD 只有在适当的光线下才会形成清晰的图像，① 如果曝光不足，则图像会一片灰暗，无法用肉眼辨别图像内容；④噪点模糊，即当摄像机拍摄时超过正常的曝光值，则图像中的阴影部分将被侵蚀，在图像中形成白色或暗淡的斑点。除了图像模糊问题之外，视频监控图像中还存在因透视或镜头导致的人物变形问题，以及在进行图像压缩时产生的图像失真问题。在这些图像中如果无法用肉眼准确分辨人物，就应当进行人像同一鉴定。

视频监控证据的人像同一鉴定应遵循如下几点思路。首先，应进行多角度、多途径的鉴定，即应将传统的人像同一鉴定方法与数字化时代的鉴定方法结合，从体态特征、外貌特征、行为特征、特殊标记、声纹特征等方面，结合计算机科学、几何学、透视学等方法进行综合鉴定。其次，应将抽象评判与精确测量结合，对于能够精确测算的特征点，应进行精确计算和对比，但对于无法精确测算的点，则采取抽象评判的方法。最后，要质量控制与技术评判并重，即对鉴定程序进行质量和技术控制，保证鉴定的质量。②

具体而言，对于视频监控证据中的人像同一鉴定，可以采取如下几种方法。

（1）体态特征对比法，即通过对人的体态特征、比例进行测量和计算，以几何学方法对图像中的人与被鉴定主体是否属于同一人进行鉴定。这种方法要运用透视原理及几何学公示进行计算，也可以用观察法进行测量，但其结果较为粗糙。

（2）相貌特征对比法，即通过对人的相貌细节特征如头部、额部、眉部、眼部等特征进行分析对比，以确定是否为同一主体，这主要采取肉眼识别的方法，对比对的技巧要求较高。

（3）行为特征对比法，即通过对人的运动特征进行检测对比的方法，确定是否为同一主体。这种方法主要是对人的习惯性动作进行对比，但存在无法区分习惯动作或偶然动作、有意识动作或无意识动作的局限。

---

① CCD，英文全称：Charge - coupled Device，中文全称：电荷耦合元件。可以称为"CCD图像传感器"，也叫"图像控制器"。CCD的作用就像胶片一样，但它是把光信号转换成电荷信号。
② 许爱东：《物证技术学》，法律出版社，2012，第582页。

这种比对一般并不具有绝对的排他性，因为行为动作特征等并不是唯一的，存在巧合的可能性。

（4）特殊标记对比法，即通过对人的某种特殊标记进行主体是否同一的识别，如胎记、痣、疤痕、伤痕、身体缺陷等。这种方法的要点是需要选取有价值的特殊标记，并进行细节的对比。可以对图像进行处理后再进行重点比较。如果标记特别特殊，可以直接进行主体同一的认定。

（5）声音特征对比法。在有声音的视频监控证据中，可以通过对声纹进行技术鉴定的方法，对主体是否同一进行鉴定。为此必须先提取或分离出声音片段，并综合采取听、看、计算等方式，采取三维宽带语图方法，分析声音特征并最终作出是否同一的认定。

对于视频监控证据中的人像同一鉴定，也可以根据情况出具不同的鉴定意见种类，具体包括：同一的意见、倾向同一的意见、非同一的意见、倾向非同一的意见、无法鉴定的意见、难以进行鉴定的意见。对于后两种情形，若是由于鉴定机构水平不足而未能作出鉴定意见，可以由司法人员另行委托其他鉴定机构再次进行鉴定。对于另外四种鉴定意见，则需要进行审查判断，若在鉴定主体、资质、程序、方法等方面不存在问题，则可以作为证据采纳。[1]

2. 伪造视频监控证据的鉴定

目前广泛使用的数字化视频监控证据极易被伪造，很多对数字化视频进行编辑修改的软件工具在互联网上随处可下载，而且简单易学，如 Adobe premiere pro、Blaze media pro、Video edit magic 等。相比由系统故障而导致的对证据可靠性、完整性造成的损害，伪造的视频监控证据对其可靠性和完整性构成更直接和严重的损害，所以对于有伪造嫌疑或者争议的视频监控证据进行鉴定是确定其证明力大小的关键步骤，在当前的物证技术学中，对于视频监控证据是否伪造进行鉴定是物证分析中重要的部分。

---

[1] 廖根为：《监控录像系统中人像鉴定问题研究》，上海人民出版社，2010，第104～105页。

一般来说，伪造数字化视频监控证据通常有如下几种手法。

（1）利用不同摄像头摄制的图像进行复制、剪辑、混合，即将不同监控系统所拍摄的图像进行加工，将其组合拼凑成一个新的视频监控文件。这是数字化视频监控图像编辑中常见的方法，通常是在图像关键位置添加一部分其他图像中的内容，或先删除图像中一部分内容，再添加其他图像中的内容。这种伪造方法会导致图像固定场景发生改变，且不同系统的视频画面质量也不相同，图像中人、物的比例发生明显变化。

（2）利用同一摄像头摄制的图像进行复制、删除、编辑，即将同一摄像头在不同时间摄制的图像进行删减和编辑，并组合拼凑成新的图像。虽然同一摄像头摄制的场景较为相近，但经过混合的图像依然有很多破绽。这种伪造方法会导致图像画面过渡不自然以及完全相同画面的重复，而且图像的色温也会有不连续的跳跃式变化，[①] 另外视频文件附随信息中的时间信息的记录也可能会存在篡改痕迹，如果时间没有被篡改，则直接从时间记录中就可以发现伪造迹象。

（3）在图像中对人或物体进行替换、编辑、添加或删除。这种方法与上述两种方法不同的是，不添加其他完整的图像帧到视频图像中，而是使用特定软件或工具对图像中的人或物体进行编辑篡改，如删除图像中特定的人，或增加某一个物体，或者将人的面貌进行替换，等等。这种伪造手段形成的视频文件违反成像的景深原理和透视规律，[②] 所以在形成的图像边缘会存在加工后遗留的抠痕、划痕等，而且图像的饱和度、对比度也存在异常，监控文件的格式也是不同的，因为不同的监控系统生成的文件格式也不相同。

（4）对声音信息的伪造和变造。在部分带有声音录制功能的视频监控系统中，视频文件既有图像也有声音，对声音信息的伪造和变造包括

---

① 色温即光源光色的尺度，由于伪造的视频图像取得时的光线条件与原图像中的光线条件存在差异，当差异较大时，在图像中会发现明显的色温变化。参见许爱东《物证技术学》，法律出版社，2012，第571页。

② 所谓"景深"，即能在胶片上形成清晰图像的景物深度的简称，当添加一个人或物到图像中时，会出现被添加的人或物过度清晰或模糊的情形。所谓"透视规律"，即根据一定原理将在平面上用线条表示的物体的空间位置、轮廓或投影并总结出一定规律，添加的人或物的不同部位进行分析，其呈现的透视规律与监控系统中的透视规律必然是不一致的。参见许爱东《物证技术学》，法律出版社，2012，第572～573页。

在本无声音的文件中加入声音，或者对原声音信息进行删除、增加、替换，改变声音信息的内容。对于声音信息的伪造可以从口形、语图的异常中发现，另外同样也会存在文件格式的异常现象。①

对有伪造嫌疑或争议的视频监控证据，应由有声像资料及电子数据鉴定资质的鉴定机构负责鉴定，并按照《刑事诉讼法》相关规定进行委托、受理，并出具鉴定意见。针对上述几种伪造视频监控证据的方法，其鉴定应遵循如下步骤。

首先，应检验视频监控证据的来源。这是为了判断该证据是否来自特定的视频监控系统，对来源的检验应要求侦查机关提供证据的提取、固定、复制等情况的说明，通过对视频监控系统所在场所及环境的分析，判断是否有矛盾或不合理之处。

其次，应检验视频监控证据的格式、名称、压缩方式等，通过这些检验查明是否与监控系统功能一致。一般来说视频监控系统中文件名称都是按一定规律生成的，通过这种规律可以分析特定文件是否为该系统生成。文件格式或编码在不同的系统中也有所区别，通过对格式和编码的分析也可以查明是否生成自某个监控系统。

最后，还应分析视频监控证据的通道名称、场所、时间等附随信息。如果在伪造过程中对通道名称、时间、场所等信息进行过添加、篡改，通过对这些信息的检验，就可以发现是否与原始信息一致，是否存在伪造之处。

以上是对视频监控证据进行鉴定的通常步骤，在鉴定过程中，最主要的是对图像及声音是否有伪造迹象进行检验，所以对图像及声音的检验应着重进行如下检查。

（1）对视频图像的图像帧间连续性进行检查。无论是固定的视频监控摄像头，还是非固定的视频监控摄像头，如果在图像中出现突然的抖动、跳跃或场景的突然切换，都表明图像帧之间存在异常现象，因此图像帧的连续性就发生较大变化，所以鉴定人员可以通过对图像帧的稳定

---

① 廖根为：《监控录像系统中人像鉴定问题研究》，上海人民出版社，2010，第120～127页。

性的检验发现伪造痕迹。

（2）对景深和透视规律的分析检查。如前文所述，伪造图像会发生景深的异常以及透视规律的矛盾，对于景深的不一致，可以反复观察图像中特定人或物出现、消失的过程，如果存在景深规律破坏情形，可以抽出某一图像帧单独进行检验，若存在明显差异，可以认定为有伪造情形。对于透视规律的分析检验，则要通过人、物的大小比例进行测算，看是否符合透视规律。

（3）对图像色彩进行检验。主要是对图像的饱和度、对比度和色温进行检验，查看是否存在明显异常。

（4）对图像内容进行检验。在伪造的图像中经常会出现完全相同的图像，这是不正常的现象，如果出现这种完全相同的图像，要检验图像中人、物、环境以及形成时间是否存在异常，通常来说完全相同的图像都存在复制、粘贴的伪造情形，因此通过这种对比可以发现和识别伪造。

（5）对声音信息是否被伪造进行检验。在带有声音信息的视频监控证据中，正常录制下的声音是连续的，且带有环境噪声，运动对象的声音远近、频率变化均存在一定的规律。如果是伪造的声音信息，则会破坏这些规律，通过检验就能发现伪造痕迹。如果视频图像较为清晰，通过对人物口形的对比，也能直接发现不一致。

通过对视频监控证据的真伪进行鉴定，可以根据具体情况出具不同的鉴定意见，包括视频监控证据不真实的意见、视频监控证据真实的鉴定意见、视频监控证据不真实的倾向性意见、视频监控证据真实的倾向性意见、难以作出鉴定的意见、无法进行鉴定的意见。对于无法作出鉴定的意见以及难以作出鉴定的意见，若案情需要，可以另行委托其他鉴定机构再次鉴定，以防遗漏。对于其他几类鉴定意见，要由法官根据鉴定主体、资质、鉴定方法、规程等情况综合判断是否可以采纳。①

（二）视频监控证据复制件的证明力问题

在数字化视听资料普及的时代，对于视频监控证据的复制件的证

---

① 廖根为：《监控录像系统中人像鉴定问题研究》，上海人民出版社，2010，第 133 ~ 134 页。

明力问题必须进行专门说明。如前文所述，在视频监控证据的收集中是不可能提取视频监控系统的存储设备的，而只能采取复制、刻录光盘甚至截图的方法固定证据。也就是说，对于视频监控证据来说，最原始的证据是视频监控系统及其存储设备中的数据，但问题在于这并不能直接在诉讼中使用，必须采取复制件的方式提供证据。因此对于视频监控证据来说，原始证据无法收集、提交，只能是收集和提交复制件。

那么，既然视频监控证据都是复制件，也就意味着根据我国证据分类法中原始证据与传来证据的分类，[①] 视频监控证据全部是传来证据，那么是否就因此降低其证明力呢？笔者认为，答案是否定的，主要基于如下理由。

第一，虽然《解释》第 70 条第 1 款和第 71 条中规定了物证、书证原始证据优先规则，但同时也没有否定传来证据的证据能力和证明力，只不过要经过鉴定或其他方式确定为真实的，才能成为定案的根据。随着现代科技的发展，数字化的复制技术越来越先进，如果说早期的书证、物证的复制件、复制品无法达到原始证据的真实度和可靠度，证明力要比原始证据低，[②] 那么现代的数据复制技术则完全可以达到与原始证据完全一样的水平，不会发生任何差异。因此，对于多数电子证据来说，坚持原始证据优先规则实际上意义并不大，无非是增加当事人举证的难度而已。而且，在数字时代，何谓原始证据、何谓传来证据，本来也难以区别。对于视频监控证据来说，也是如此，只要遵循正确的复制要求，如使用镜像方式的无损复制技术，视频文件的复制件是完全和原始证据相同的，而且肉眼看不到的文件附随信息也不会减少，此时，如果法律规定只有视频监控系统中的原始证据证明力才较大，而复制件证明力较小，岂不是立法的荒谬？因此，原始证据优先规则固然应该坚持，但针对特定种类的证据来说，它的功能却是有限甚至是负面的，在这种情况下就应当放松原始证据优先规则的要求。

---

① 参见宋英辉、汤维建《证据法学研究述评》，中国人民公安大学出版社，2006，第 212 页。
② 参见何家弘主编《新编证据法学》，法律出版社，2006，第 90 ~ 91 页。

　　第二，从横向比较来看，我国的原始证据优先规则与英美法系的最佳证据规则虽然有所不同，如最佳证据规则是证据能力规则，原始证据优先规则既规范证据能力，也规范证明力；最佳证据规则仅适用于文书，而原始证据优先规则适用于所有证据。但二者立意却相似，都是为了迫使当事人提交最优质的证据，而非次级证据或替代品。但近年来，最佳证据规则在英美法系日趋衰弱，以至于在现代英美法系证据法中不再是一项普遍适用的规则，无论是不是最佳证据，都可以在法庭被采纳，只不过证明力大小可能会不同。最佳证据规则的衰落在电子证据领域体现最为明显，随着复制技术的提高，各国对电子证据领域的最佳证据规则通过各种方式在立法上进行了扬弃。最为典型的是美国，在《联邦证据规则》第 1001 条中，通过扩大解释"原件"的方式，将所有本应视为复制件的物品都解释为"原件"，如照相的底片或由底片冲印出的胶片，电脑中的打印物、输出物。并且还在第 1003 条规定副本与原件具有同等程度的可采性；第 1004 条规定了在原件丢失等情况下可以直接采纳复制件。[1] 而英国法官则根本不愿意将最佳证据规则扩展至录像、录音等证据，因为他们认为这些证据并非真正意义的书面证据；对于其他电子证据尤其是计算机证据，英国则主要通过设置最佳证据规则的例外的方式排除最佳证据规则的使用。[2] 虽然英美法系主要是针对证据的证据能力问题，但从他们的做法也可判断，对于这些新类型证据的证明力，并不会因为原件或复制件的差异而有所不同。

　　因此，对于全部表现为"复制件"的视频监控证据，并非就要限制其证明力，而是要给予其原始证据的待遇，平等地评判其证明力。当然，平等评判并不表示必然要给予其绝对的证明力，而是要在审查复制环节是否保持原始证据可靠性和完整性的基础上赋予其证明力。如果采取的复制手段导致原始证据损坏、缺失，或者导致数据信息不全，当然会影响复制件的证明力。所以，在判断复制件证明力时，在必要的情况下，应采取鉴定方式或与原件核对的方式进行审查。

---

　　① 参见王进喜《美国〈联邦证据规则〉（2011 年重塑版）条解》，中国法制出版社，2012，第 331~343 页。
　　② 参见陈学权《科技证据论——以刑事诉讼为视角》，中国政法大学出版社，2007，304 页。

（三）视频监控证据在定案中的作用问题

在对视频监控证据在诉讼中使用情况进行调研时，我们发现一个普遍的现象，就是无论视频监控证据在案件中证明的内容是什么，都没有单凭视频监控证据定案的个案，而是必须有其他证据相互印证才能定案，尤其是要有被告人口供。在很多案件中，视频监控证据的重要作用就在于在审讯犯罪嫌疑人时将视频播放给犯罪嫌疑人看，并以此逼迫犯罪嫌疑人作出有罪供述。这作为一种审讯策略和方法本身倒是无可厚非，但问题在于，为何视频监控证据本身的证明力不能在诉讼中充分发挥作用，而非要获取其他证据尤其是被告人口供呢？在有的案件中，视频监控证据本身已经能够充分证明被告人犯罪的诸要件，但也不是仅凭该证据定案。如实践中较多的在街道上盗窃电动车、汽车的案件，案件经过被视频监控系统清晰地拍摄并保存下来，这种证据本身已经能够充分证明盗窃罪的诸要件（犯罪主体身份、盗窃的故意、实施了盗窃他人车辆的行为、对他人财产权构成侵害），但最终却依然要有其他证据才能定案，视频监控证据在案件中甚至都不作为主要证据，案例5.1就是这种情况：

> 案例5.1　徐某于2012年4月11日在某县道路上盗窃被害人李某的电动车，盗窃的过程被公安机关的天网系统拍摄到。几天之后，徐某路过此地时被抓获。在对徐某进行审查批捕和移送起诉时，证据有被害人李某的陈述、犯罪嫌疑人徐某的供述、证人证言、辨认笔录、现场勘查笔录、价格鉴定结论、视听资料等。

在案例5.1中，徐某盗窃电动车的完整过程可以明确地从视频监控证据中得到证明，但侦查机关依然收集了被害人供述、犯罪嫌疑人供述、证人证言等证据，实际上这些证据的证明力未必比视频监控证据强，因为被害人、证人都可能会错误辨认犯罪嫌疑人，而犯罪嫌疑人供述更有可能是违法审讯的结果，只有视频监控证据对案件事实的记录最为客观、准确。此案中若是对案件事实有所争议的话，也可能只是对电动车的价值是否达到盗窃罪的立案标准有争议，因此，价格鉴定可能仍是必要的，但其他证据实际上并无收集必要。如果该案不是盗窃电动车，而是盗窃价值百万元的进口汽车，那么无须再进行价格鉴定，因为无论如何鉴定和估价，犯罪对象的价格都远远超过盗窃罪的立案标准。那么，为何在实践中无论是侦查人员，还是检察官、法官，都不会单凭视频监控证据定案呢？

这种情况是由我国的证据相互印证的证明模式而导致的。与西方国家正统的自由心证不同，我国的证明模式虽然也属于自由心证模式，却是一种基于证据印证的自由心证。在这种证明模式下，如果案件中仅有单个证据，无论这个证据能够证明案件中的何种事实或要件，也无论这个证据的质量多么高，只要没有其他证据对其进行印证，法官也不敢下判。因此在司法实践中，逐渐形成了"孤证不定案"的规则，尤其重要的证据就是口供，在各种案件特别是死刑案件中，如果没有口供，是不能作出死刑判决的。① 根据龙宗智教授的总结，我国的这种印证证明模式有如下特点："获得印证性证据的支持是证明的关键；证明注重外部性而不注重内省性；导致更高的证明标准，实践中达到这种标准的难度很大；为实现证明标准，容易采取较为灵活的取证手段"。② 龙宗智教授认为，之所以我国的刑事诉讼会采取这种证明模式，是因为"非直接言词的审理原则、审理与判决的分离、重复的事实审、法官素质普遍不高以及我国在证明理论中对唯物主义认识论的强调"。③

笔者认为，这种证明模式还与我国对犯罪构成的闭合式四要件理论有关。在刑事诉讼中控方必须证明犯罪主体、主观方面、犯罪客体、客观方面四个要件，因此，即便已经获取能够清楚证明犯罪事实的证据，控方也要尽量搜集其他证据（即便有的证据实际上并无多大意义），实现对四要件的证明，从数量上对证据体系进行充实。从表面上看，我国这种相互印证的证明模式科学、严谨，对证明标准要求更高，因此也更有利于保障被告人的合法权益，避免冤及无辜。但实际上并非如此，从实践中看，我国的印证证明模式有以下弊端。

第一，过度强调被告人口供的重要性，形成以口供为中心的印证证明模式。虽然我国《刑事诉讼法》第 55 条已经明确规定，"没有被告人

① 参见李训虎《证明力规则检讨》，《法学研究》2010 年第 2 期。
② 参见龙宗智《印证与自由心证——我国刑事诉讼证明模式》，《法学研究》2004 年第 2 期。
③ 参见龙宗智《印证与自由心证——我国刑事诉讼证明模式》，《法学研究》2004 年第 2 期。

供述，证据确实、充分的，可以认定被告人有罪和处以刑罚"。但在司法实践中，司法人员普遍希望通过各种方式获取被告人口供，再以口供为线索寻找其他证据以形成印证关系，或者与已有的证据形成印证关系，口供成为证据体系中最主要的证据，而其他证据相对于口供来说，重要性都在其次。这种对口供的重视导致案件的取证以口供为中心，甚至为获取口供不择手段，这也是为何非法取供在我国屡禁不止的原因之一，与目前大多数法治国家降低口供重要性的趋势也相违背，强化了口供在证据体系中的中心地位。同时，这也导致非法口供更难以被排除。①

第二，对证据印证的过度强调，导致只重视证据的印证而不重视证据的推理，可能会导致错误认定案件事实，造成冤假错案。无论在有无被告人口供的案件中，将证据体系制作的相互印证实际上都并不困难，问题在于，即便表面上看相互印证的案件，实际上却可能是人为造成的印证，现实中已经披露的错案，往往都是这种情形，如浙江的张高平、张辉案件。如果依证据推理方法来审视，即便相互印证的案件，其证据结论也是站不住脚的。但我国并不重视证据推理方法和理论，而只强调证据的印证，就可能使很多错案无法被发现。

第三，印证要求事实的判定必须有足够的证据形成体系，也是不符合证明规律的。虽然大多数案件中都能够收集到多数证据，但不排除有些案件中只能收集到孤证，而没有其他证据。最典型的就是行贿受贿案件，可能只有行贿人的陈述，或受贿人的供述，而没有其他证据印证。但是，即便这种案件，只要能够使法官形成被告人有罪的坚实心证，作出有罪判决并无不当，但在印证证明模式下，这种情形是无法作出有罪判决的，形成了孤证不定案的惯常做法。这无疑是违反证据资源有限性原理的，也会导致对犯罪的放纵。

正因为印证证明模式所具有的如上弊端，笔者认为，虽然作为一种证据的审查判断方式，印证有其合理性，但并不表示将其上升为一种固定的模式就是合理的，因此，对于印证证明模式应当进行必要的改造和

---

① 对于认罪案件的证明模式的若干问题，参见纵博《论认罪案件的证明模式》，《四川师范大学学报》（社会科学版）2013 年第 3 期。

限制，不再将其作为一种僵化的模式，而是将印证作为一种审查判断证据的方式，发挥证据印证的长处。尤其是要研究在各种不同的证据组成下印证的合理程度，结合对单个证据证明力的准确评价和证据推理进行事实认定。另外还需要进行改革的一点是，在证据的相互印证中，要改变以被告人口供为中心的印证模式，证据的印证未必一定以被告人口供为中心，可能是其他优质的证据，也可能根本就没有处于中心位置的证据，而是证据之间形成相互印证的网络，具体要根据各个案件的证据情况来判断，但无论如何，不应将被告人口供作为绝对的印证体系的中心。

就视频监控证据而言，虽然该种证据也存在被伪造、篡改的可能性，但因其对客观事实的记录往往比人证更为准确，相比而言是一种更为优质的证据，因此在涉及视频监控证据的案件中，应对印证要求进行一定的限制，以充分发挥视频监控证据的证明力，同时节省司法资源、提高诉讼效率，具体而言，对视频监控证据在定案中的作用根据其证明内容而进行如下不同的处理。

第一，对于能够确实、充分证明犯罪构成要件的视频监控证据，可不要求其他证据印证而仅在审查视频监控证据可靠性、完整性的基础上直接定案。如前文所举的盗窃汽车被视频监控系统拍摄下来的案例，在这种案例中，盗窃罪的各个构成要件都能够被视频监控证据这种单一证据证明，如犯罪主体可以在视频中清楚辨别；盗窃汽车的行为也能清楚看到；对于这种行为，不可能是出于过失或意外事件，所以犯罪的主观故意也能得到证明；盗窃行为必然造成对他人财产权的侵害。对于这种案件，即便没有被告人供述、被害人陈述等证据进行印证，仅靠视频监控证据也足以排除合理怀疑，完全能够达到证据确实、充分的条件，可以作出有罪判决。

第二，对于基本能够证明犯罪构成要件，但对其中某个要件证明力不足的视频监控证据，可以在补充对该构成要件的其他证据之后进行定案，其他证据对视频监控证据要能够印证。案例5.2即属于这种情况：

案例5.2　毛某、李某于2011年7月至8月间，先后多次骑摩托车进行飞车抢夺，在实施抢夺的过程中，被公安机关天网监控系统拍摄数次，但因距离较远，每次所拍摄的画面都只能看清车型、作案人身高和穿着、作案经过，但看不清作案人面貌和摩托车牌照。毛某、李某于2011年8月5日被抓获并被刑事拘留，在被抓获时，他们的穿着与视频监控证据中所拍摄到的作案人穿着一致。

在案例5.2中，对于毛某、李某二人抢夺犯罪的犯罪客体、犯罪客观方面、主观方面视频监控证据都能证明，对于犯罪主体身份的确定也有一定的证明作用（能够看到作案人的身高、穿着和大致体貌），但是证明力不充分，因为看不到作案人面貌和摩托车牌照，因此，需要对犯罪主体身份的确定进行补充证据，如被告人口供、被害人的辨认、证人证言等，以实现犯罪主体同一的认定，在补充这些证据之后，就可以定案。同时，补充的这些证据要能够对视频监控证据的印证，例如，被告人的口供、被害人对案发过程的陈述都能印证视频监控证据中记录的案发过程。

第三，对于只能证明某个犯罪构成要件的视频监控证据，或者只能证明犯罪过程的一部分事实的视频监控证据，则只能作为证据之一，必须有其他充分的证据对各个构成要件进行证明才能定案。并且视频监控证据要能够与其他证据相互印证，在证据充分、相互印证的基础上，通过证据推理最终证明案件事实。在这类案件中，由于各个证据都不能完整证明所有犯罪构成要件，因此必须在各个构成要件方面都有相应的证据进行证明，同时，必须在审查各个证据的基础上，实现证据之间的相互印证，最终通过对全案证据进行证据推理，如果能够得出构成犯罪的排他性结论，才能定案作出有罪判决。案例5.3即属于这种情况：

案例5.3 陈某于2012年2月、3月间，装作卖淫女到某县宾馆中，敲开旅客的门并进入房间之后，以提供性服务为由，趁旅客不备盗窃财物，总共盗窃金额四千余元。在进出宾馆实施盗窃的过程中，陈某进出旅客房间和进出宾馆的情形被宾馆的视频监控设备拍摄下来，但因宾馆不可能在房间内安装视频监控设备，陈某实施盗窃的情况未能拍摄下来。

在案例 5.3 中，视频监控证据只能证明案件事实的一部分，即陈某进出案发场所的情形，而不能证明实施盗窃的情形，因此此时视频监控证据无法对犯罪的客观方面进行证明，而只能对于确定主体身份、实施盗窃的时间和地点等起到一定的证明作用，仅凭陈某出入宾馆的视频监控证据是无法对其定罪的。在本案中，必须收集能够证明犯罪构成要件的其他证据，如被告人供述、被害人陈述、证人证言等，并且视频监控证据要能够对其他证据形成印证关系，最终依全案证据进行证据推理，看是否能够排除其他可能性，如果能够合理排除其他可能性，就可以定案。

在上述三种情形中，除第一种情形因视频监控证据能够证明犯罪构成要件而无须印证外，其他两种情形都因证据不能独自证明所有犯罪构成要件而需要与其他证据相互印证，但印证方式有所不同，在第二种情形下，只需要其他证据对视频监控证据在对构成要件的证明力不足的那一部分进行补充，并且其他证据形成对视频监控证据的印证，也就是说，此时的印证是以视频监控证据为中心的印证。但在第三种情形中，因为视频监控证据并非优质证据，所以只是作为普通证据之一，此时的印证是各个证据之间的相互印证，如视频监控证据与被告人的供述印证，而被告人供述又和被害人陈述印证。需要注意的一个问题是，证据的印证也要有合理限度，不必追求证据所有的内容都要印证，具体印证到何种程度，由法官根据具体案情和经验法则进行判断。①

---

① 参见李建明《刑事证据相互印证的合理性与合理限度》，《法学研究》2005 年第 6 期。

结　论

　　本书对视频监控证据这一新型证据在刑事诉讼中使用的问题进行了探讨，重心是其证据能力与证明力问题。之所以将视频监控证据在刑事诉讼中的使用问题作为研究的主题，是因为在实证调研中，我们发现这种证据在司法实践中的运用状况并不理想，与人们的心理预期有很大差距，未能充分发挥其证据价值和证明作用。出现这一问题的根源就在于对其证据能力和证明力问题缺乏深入的研究，在证据运用方面缺少对司法实践的指导。因此，对视频监控证据的证据能力及证明力问题进行研究，对于改善其在刑事诉讼中的使用状况是有较强的理论意义的。

　　目前的视频监控系统基本上都是数字化、半数字化的系统，因此视频监控证据的生成过程较为复杂，要经过证据信息的收集、传输、存储、提取几个阶段，每个阶段都可能会发生影响其客观性的因素。按照西方的人证、物证、书证的证据分类方法，视频监控证据应划归为物证，因为将其作为物证更有利于加强和完善对视频监控证据的调查程序。按照我国的法定证据分类，视频监控证据同时属于视听资料与电子数据，对其进行审查判断要同时考虑到这两种证据的属性，根据这两类证据的审查判断要点进行证据能力、证明力的审查。

　　在对视频监控证据在诉讼中的实际使用情况的调研中，我们发现，虽然视频监控系统安装的数量较多，但涉及视频监控证据的案件数量却并不多，且在这些案件中视频监控证据用于诉讼证据的情况更少。视频监控证据的使用程序并无统一的规范，司法人员对视频监控证据的态度也较为矛盾。调研中发现的主要问题是视频监控证据的质量普遍较差；视频监控证据在诉讼中较少作为定案证据，而在侦查阶段作用较大；对于视频监控证据的证据能力、证明力究竟如何判断缺乏相应的法律法规及学理指导。

  对于视频监控证据来说，获得证据能力的必备要件是关联性、取证手段及程序的合法性、真实性的保障。这里所谓取证手段及程序的合法性，是指证据的取证程序和手段不违反宪法、刑事诉讼法及其他法律对公民基本权利保护的规范，不违反基本人类伦理。真实性保障是指只要证据自身的性质、取证规程能够基本上保障证据的客观真实性、不会直接产生虚假证据即可，至于这些证据到底是不是客观真实的，还要留待证明力审查判断之后才能决定。在具有关联性的证据中，不仅包括具有直接关联性的直接证据和间接证据，还包括具有间接关联性的证据。在合法性问题中主要探讨了视频监控证据与公民隐私权之间的关系问题。在比较英美法系的基础上，本书认为，在个人具有隐私信息、隐私空间的场所安装的视频监控系统所生成的视频监控证据，安装在公共场所、半公共场所的视频监控系统通过对私人场所的监控而获得的证据，安装在公共场所、半公共场所的视频监控系统，利用遥感、追踪等功能对具体的人进行监控、观察、监听，或者利用数个视频监控系统组成接力式的追踪观察而获取的证据。这三类证据构成对公民隐私权的侵害，其中侦查机关未经批准而安装或使用视频监控系统获得的证据，是违反技术侦查规定的非法证据。对于这些证据，如果侵权程度较为严重，对司法公正构成危害，就应当排除。在视频监控证据取证程序的合法性方面，主要从适用案件范围、取证方式、批准程序、实施范围几个方面对滥用视频监控技术侦查和违法搜查、扣押进行规制，在如上几个方面违反相应法律规定所获得的视频监控证据，属于非法证据，是否需要排除，要根据其对司法公正的危害性和是否属于瑕疵证据来综合判断。在视频监控证据的真实性保障问题上，主要是证明：视频监控证据在生成过程、收集过程、保管链条几个环节中，均不存在影响其真实性的因素。对证据的真实性保障的证明可以采取推定、证人证言、鉴定、自认等方式进行。

  对视频监控证据的证明力应主要从可靠性、完整性两个核心标准进行审查。可靠性是证据的真实程度，要从视频监控证据的生成环节、收集过程、流转过程几个方面证明没有其他影响其可靠性的因素存在，对可靠性的证明可以采取直接证明和推定两种方式。完整性是指视频监控证据本身的完整性与证据所依赖的监控系统的完整性。对视频监控证据本身的完整性主要审查是否存在对证据信息的非必要添加或删减；对视频监控系统的完整性主要是审查在生成视频监控证据时，系统是否处于能够完整记录客观事实的状态。视频监控证据中的人像同一鉴定对于其证明力判定来说同样重要，在必要时要对人像同一进行鉴定。因为随着计算机技术的发展，对视频监控证据进行篡改越来越容易，所以在实践中也常常需要对视频监控证据是否伪造进行鉴定。在认定视频监控证据的证明力时，因视频监控证据基本上都是以复制件的形式表现出来，基于其复制件与原件的高度一致性，要遵循证明力平等对待的原则，在审查复制程序的前提下正确评价其证明力。视频监控证据在定案的作用方面，要根据视频监控证据的证明内容不同而进行不同的处理，如果视频监控证据是优质证据，即仅依该证据就能够证明犯罪构成全部要件，就不必进行证据印证，如果不能证明犯罪构成全部要件，就需要补充其他证据，并且证据之间要能够相互印证，才能最终定案。

参考文献

中文著作

毕玉谦：《民事证据法及其程序功能》，法律出版社，1997。

陈卫东、谢佑平主编《证据法学》，复旦大学出版社，2005。

陈学权：《科技证据论——以刑事诉讼为视角》，中国政法大学出版社，2007。

陈一云主编《证据学》，中国人民大学出版社，2007。

陈金钊等：《法律解释学——立场、原则与方法》，湖南人民出版社，2009。

封利强：《司法证明过程论——以系统科学为视角》，法律出版社，2012。

郭志媛：《刑事证据可采性研究》，中国人民公安大学出版社，2004。

何家弘、刘品新：《电子证据法研究》，法律出版社，2002。

何家弘主编《新编证据法学》，法律出版社，2006。

何家弘主编《证据的审查认定规则——示例与释义》，人民法院出版社，2009。

黄翰义：《程序正义之理念》，元照出版公司，2010。

江伟主编《证据法学》，中共中央党校出版社，2002。

蒋平、杨莉莉：《电子证据》，清华大学出版社、中国人民公安大学出版社，2007。

纪格非：《证据能力论——以民事诉讼为视角的研究》，中国人民公安大学出版社，2005。

李学灯：《证据法比较研究》，五南图书出版公司，1992。

廖根为：《监控录像系统中人像鉴定问题研究》，上海人民出版社，2010。

林钰雄：《刑事诉讼法》（上），中国人民大学出版社，2005。

林钰雄：《干预处分与刑事证据》，北京大学出版社，2010。

刘广三：《刑事证据法学》，中国人民大学出版社，2007。

刘品新：《电子取证的法律规制》，中国法制出版社，2010。

刘品新：《美国电子证据规则》，中国检察出版社，2004。

刘善春等：《诉讼证据规则研究》，中国法制出版社，2000。

龙宗智、杨建广：《刑事诉讼法》，高等教育出版社，2007。

罗世伟、左涛、邹开耀：《视频监控系统原理及维护》，电子工业出版社，2012。

麦永浩：《电子数据司法鉴定实务》，法律出版社，2011。

秦宗文：《自由心证研究——以刑事诉讼为中心》，法律出版社，2007。

邱爱民：《实物证据鉴真制度研究》，知识产权出版社，2012。

全国人大常委会法制工作委员会刑法室编《关于修改中华人民共和国刑事诉讼法的决定：条文说明、立法理由及相关规定》，北京大学出版社，2012。

沈达明：《英美证据法》，中信出版社，1996。

孙远：《刑事证据能力导论》，人民法院出版社，2007。

汪光华：《视频监控系统应用》，中国政法大学出版社，2009。

王佳：《刑事辨认的原理与规制》，北京大学出版社，2011。

王进喜：《美国〈联邦证据规则〉（2011 年重塑版）条解》，中国法制出版社，2012。

王兆鹏：《美国刑事诉讼法》，北京大学出版社，2005。

王兆鹏：《当事人进行主义之刑事诉讼》，元照出版公司，2004。

易延友：《证据法的体系与精神——以英美法为特别参照》，北京大学出版社，2010。

张斌：《视听资料研究》，中国人民公安大学出版社，2005。

张建伟：《证据法要义》，北京大学出版社，2009。

占善刚、刘显鹏：《证据法论》，武汉大学出版社，2009。

最高人民法院研究室编著，江必新主编《〈最高人民法院关于适用《中华人民共和国刑事诉讼法》的解释〉理解与适用》，中国法制出版社，2013。

最高人民法院刑事审判第三庭编著，张军主编《刑事证据规则理解与适用》，法律出版社，2010。

〔德〕克劳思·罗科信：《刑事诉讼法》，吴丽琪译，法律出版社，2003。

〔德〕托马斯·魏根特：《德国刑事诉讼程序》，岳礼玲、温小洁译，中国政法大学出版社，2004。

〔德〕伯恩·魏德士：《法理学》，丁小春、吴越译，法律出版社，2003。

〔德〕卡尔·拉伦茨：《法学方法论》，陈爱娥译，商务印书馆，2005。

〔加〕道格拉斯·沃尔顿：《法律论证与证据》，梁庆寅、熊明辉等译，中国政法大学出版社，2010。

〔美〕艾尔·巴比：《社会研究方法》，邱泽奇译，华夏出版社，2009。

〔美〕罗纳德·J.艾伦等：《证据法：文本、问题和案例》，张保生等译，高等教育出版社，2006。

〔美〕罗纳尔多·V.戴尔卡门：《美国刑事诉讼——法律和实践》，张鸿巍等译，莫洪宪审校，武汉大学出版社，2006。

〔美〕米尔吉安·R.达马斯卡：《比较法视野中的证据制度》，吴宏耀等译，中国人民公安大学出版社，2006。

〔美〕乔恩·R.华尔兹：《刑事证据大全》，何家弘等译，中国人民公安大学出版社，2004。

〔美〕特伦斯·安德森等：《证据分析》，张保生等译，中国人民大学出版社，2012。

〔美〕约翰·W.斯特龙：《麦考密克论证据》，汤维建译，中国政法大学出版社，2004。

〔美〕约书亚·德雷勒斯、艾伦·C.迈克尔斯：《美国刑事诉讼法精解》（第一卷），吴宏耀译，北京大学出版社，2009。

〔美〕诺曼·M.嘉兰、吉尔伯特·B.斯达克：《执法人员刑事证据教程》，但彦铮译，中国检察出版社，2007。

〔日〕松尾浩也：《日本刑事诉讼法》（上），丁相顺译，金光旭校，中国人民大学出版社，2005。

〔日〕松尾浩也：《日本刑事诉讼法》（下），张凌译，中国人民大学出版社，2005。

〔日〕田口守一著《刑事诉讼法》，刘迪等译，法律出版社，2000。

〔日〕我妻荣编《新法律学辞典》，董璠舆译校，中国政法大学出版社，1991。

〔英〕克里斯托弗·艾伦：《英国证据法实务指南》，王进喜译，中国法制出版社，2012。

〔英〕乔治·奥维尔：《一九八四》，董乐山译，上海译文出版社，2006。

〔英〕约翰·斯普莱克：《英国刑事诉讼程序》，徐美君、杨立涛译，中国人民大学出版社，2006。

中文论文

曹通、马燕凯：《"天网工程"视频监控设备管理现存问题及对策研究》，《云南警官学院学报》2014年第1期。

陈桂香、罗志成：《苏格兰CCTV国家战略概况》，《中国安防》2011年第4期。

陈海燕：《论视听资料的技术发展所带来的法律问题和技术对策》，《电信科学》2010年第11A期。

陈瑞华：《从认识论走向价值论——证据法理论基础的反思与重构》，《法学》2001年第1期。

陈瑞华：《关于证据法基本概念的一些思考》，《中国刑事法杂志》2013年第3期。

陈瑞华：《实物证据的鉴真问题》，《法学研究》2011年第5期。

陈卫东、刘中琦：《我国非法证据排除程序分析与建构》，《法学研究》2008年第6期。

陈世革：《视频侦查的有效途径与方法》，《贵州警官职业学院学报》2011年第5期。

陈燕莹：《监视录影器防制窃盗犯罪效能之研究——警察与犯罪者之

观点》，中正大学 2007 年硕士学位论文。

陈盛、纵博：《瑕疵证据规定的法律解释分析——以〈刑事诉讼法〉第 52 条为对象》，载陈金钊、谢晖主编《法律方法》，山东人民出版社，2014。

封利强：《司法证明机理：一个亟待开拓的研究领域》，《法学研究》2012 年第 2 期。

宫晓东：《视频监控在侦查破案中的应用》，《公安教育》2014 年第 2 期。

郝宏奎：《视频证据在刑事诉讼中的功能及其发展前景——从伦敦地铁爆炸案谈起》，载何家弘主编《证据学论坛》第 14 卷，法律出版社，2008。

何家弘：《论证据的基本范畴》，《法学杂志》2007 年第 1 期。

黄进发：《隐私权从私法保护到公法保护的发展》，《东南学术》2012 年第 3 期。

黄顺忠、林燕山：《当前监控录像技术在刑事侦查中的使用现状及对策》，《河南公安高等专科学校学报》2009 年第 6 期。

黄太云：《刑事诉讼法修改释义》，《人民检察》2012 年第 8 期。

李汉昌：《论证据的合法性》，《法商研究》1999 年第 5 期。

李建明：《刑事庭审质证形式主义现象之批判》，《江苏社会科学》2005 年第 3 期。

李建明：《刑事证据相互印证的合理性与合理限度》，《法学研究》2005 年第 6 期。

李涛：《视频侦查规范化研究》，《辽宁公安司法管理干部学院学报》2011 年第 1 期。

李训虎：《证明力规则检讨》，《法学研究》2010 年第 2 期。

刘国旌：《谈治安视频监控资料在命案侦查中的证据效力》，《江西公安专科学校学报》2009 年第 2 期。

龙宗智：《"大证据学"的建构及其学理》，《法学研究》2006 年第 5 期。

龙宗智：《进步及其局限——由证据制度调整的观察》，《政法论坛》

2012 年第 5 期。

龙宗智：《两个证据规定的规范与执行若干问题研究》，《中国法学》2010 年第 6 期。

龙宗智：《证据分类制度及其改革》，《法学研究》2005 年第 5 期。

龙宗智：《印证与自由心证——我国刑事诉讼证明模式》，《法学研究》2004 年第 2 期。

龙宗智：《新刑事诉讼法实施：半年初判》，《清华法学》2013 年第 5 期。

栗峥：《我国非法证据排除规则的制度反思》，《广东社会科学》2013 年第 6 期。

闵春雷、贾志强：《刑事庭前会议制度探析》，《中国刑事法杂志》2013 年第 3 期。

秦策：《我们研究什么样的证据法学——英美证据法学的转向与启示》，《中国刑事法杂志》2010 年第 4 期。

孙建安、樊春雨：《从监控录像入手侦破刑事案件——一条全新、简捷、高效兼具证据价值的侦查途径》，《公安教育》2012 年第 2 期。

孙远：《刑事证据能力的法定与裁量》，《中国法学》2005 年第 5 期。

申君贵：《关于诉讼证据能力之探讨》，《政法论坛》1993 年第 6 期。

万毅、林喜芬、何永军：《刑事证据法的制度转型与研究转向——以非法证据排除规则为线索的分析》，《现代法学》2008 年第 4 期。

万毅：《论瑕疵证据——以"两个证据规定"为分析对象》，《法商研究》2011 年第 5 期。

万毅：《取证主体合法性理论批判》，《江苏行政学院学报》2010 年第 5 期。

汪海燕：《评关于非法证据排除的两个〈规定〉》，《政法论坛》2011 年第 1 期。

王利明：《隐私权内容探讨》，《浙江社会科学》2007 年第 3 期。

肖龙：《论视频监控系统在公安工作中的应用》，《山东警察学院学报》2014 年第 2 期。

熊明辉：《法律推理的逻辑基础》，《法律方法与法律思维》2005

年卷。

熊志海、王静：《证据之生成问题研究》，《中国刑事法杂志》2011年第 4 期。

徐伟红：《视频监控证据规则研究》，《中国安防》2012 年第 10 期。

徐雯、何洪源：《英国警方的 CCTV 战略与刑事侦查》，《中国人民公安大学学报》（自然科学版）2009 年第 3 期。

杨建国：《论视频监控的犯罪预防功能及犯罪侦查价值》，《犯罪研究》2011 年第 1 期。

杨立新：《关于隐私权及其法律保护的几个问题》，《人民检察》2000年第 1 期。

杨秋霞：《"电子眼"下的隐私权及法律救济》，《山东工商学院学报》2012 年第 4 期。

叶斌：《视频监控技术的发展与现状》，《中国传媒科技》2012 年第 12 期。

张凡夫：《社会治安监控报警系统建设概况及要点》，《智能建筑》2010 年第 12 期。

张晋红、易萍：《证据的客观性特征质疑》，《法律科学》2001 年第 4 期。

赵信会、谢庭树：《证据可采性认定的自由裁量及其限制——美国百年证据制度改革的启示》，《证据科学》2012 年第 2 期。

朱慧芬等：《公共场所监控图像采集利用与隐私权保护研究报告》，《政府法制研究》2009 年第 8 期。

纵博、郝爱军：《对瑕疵证据"合理解释"的解释》，《中国刑事法杂志》2012 年第 9 期。

纵博、郝爱军：《刑事诉讼严格证明的若干问题》，《西南政法大学学报》2010 年第 1 期。

纵博、马静华：《论证据客观性保障规则》，《山东大学学报》（哲学社会科学版）2013 年第 4 期。

纵博：《论认罪案件的证明模式》，《四川师范大学学报》（社会科学版）2013 年第 3 期。

纵博：《刑事诉讼中瑕疵证据补正的若干操作问题研究》，《现代法学》2012 年第 2 期。

英文著作及论文

Ann Cavoukian， *Privacy and Video Surveillance in Mass Transit Systems*，Privacy Investigation Report of Information and Privacy Commissioner of Ontario，2008.

Benjamin J. Goold， *Public Area Surveillance and Police Practices in Britain*，Oxford University Press，2004.

Carla Scherr，"You Better Watch Out，You Better Not Frown，New Video Surveillance Techniques Are Already in Town（and other Public Spaces）"，3 *I/S*：*J. L. & Pol' γ for Info. Soc' γ* 499（2004）．

Charles L. Barzun，"Rules of Weight"，83 *Notre Dame L. Rev.* 1957（2008）．

Christopher S. Milligan，"Facial Recognition Technology，Video Surveillance，And Privacy"，9 *S. Cal. Interdisc. L. J.* 295（1999）．

Florence Verhoestraete ，Ann Wilsens ，*Belgium*：*Privacy*：*Video Surveillance cameras*，*E. I. P. R.* 30（3），N13 – 14（2008）．

James A. Griffin，"A Prosecutor's Guide to Obtaining and Presenting Audio And Video Evidence"，29 – DEC *Prosecutor* 30（1995）．

Jeremy Brown，"Pan，Tilt，Zoom：Regulating the Use of Video Surveillance of Public Places"，23 *Berkeley Tech. L. J.* 755（2008）．

Jordan S. Gruber，Christopher M. Nicholson，Joshua A. S. Reichek，"Video Technology"，58 *Am. Jur. Trials* 481（Originally published in 1996）．

Marc Jonathan Blitz，"Video Surveillance and the Constitution of Public Space：Fitting the Fourth Amendment to a World That Tracks Image and Identity"，82 *Tex. L. Rev.* 1349（2004）．

Marcus Nieto，*Public Video Surveillance*：*Is It an Effective Crime Prevention Tool?* Sacramento：California Research Bureau，California State Library，

June 1997.

Michael Bromby, "CCTV and Expert Evidence: Addressing the Reliability of New Sciences", 9 *Arch. News* 6 – 9 (2006).

Mona R. Shokrai, "Double – Trouble: The Underregulation of Surreptitious Video Surveillance in Conjunction with the Use of Snitches in Domestic Government Investigations", 13 *Rich. J. L. & Tech.* 3 (2006).

Paul Rishworth, *New Zealand: Covert Video Surveillance on Private Property – Unreasonable Search and Seizure*, Public Law, Apr., 361 – 363 (2012).

Peter Fry, *Unmasked Footage Is Breach of Privacy Right: European Court*, CCTV Today 4 (Mar./Apr. 2003).

Quentin Burrows, "Scowl Because You're on Candid Camera: Privacy and Video Surveillance", 31 *Val. U. L. Rev.* 1079 (1997).

Rachel Armitage, *To CCTV or Not to CCTV? A Review of Current Research into the Effectiveness of CCTV Systems in Reducing Crime* (2002).

Robert D. Bickel, Susan Brinkley & Wendy White, "Video Security Technology Compromise an Essential Constitutional Right in a Democracy, or Will the Courts Strike a Proper Balance?" 33 *Stetson L. Rev.* 299 (2003).

Ronald J. Allen, Richard B. Kuhns and Eleanor Swift, *Evidence: Text, Cases and Problems*, Aspen Publishers (3rd ed., 2002).

Sharon Bradford Franklin, "Watching the Watchers: Establishing Limits on Public Video Surveillance", 32 *APR Champion* 40 (2008).

Stuart Miller, *UK Singled Out for Criticism over Protection of Privacy*, The Guardian (Sept. 5, 2002).

Thomas J. Hickey, Christopher Capsambelis, and Anthony LaRose, "Constitutional Issues in the Use of Video Surveillance in Public Places", 39 No. 5 *Crim. Law Bulletin ART* 1 (2003).

Tom Levesley, Amanda Martin, *Police Attitudes to and Use of CCTV*, Home Office Online Report 09/05.

后 记

　　本书是在我的博士学位论文基础上修改完善而成的，我的博士学位论文题目是导师马静华教授建议的。马教授学术涉猎广泛，在刑事诉讼法实证研究、侦查学、证据法学等方面都有精深的造诣，他认为将侦查前沿科技与证据法结合起来进行研究是一个很好的方向，所以建议我对实践中已经普遍使用但还存在诸多理论上未解之题的视频监控证据进行研究，因此才有了本书的内容。本书从视频监控证据的证据能力、证明力两大基本范畴出发，在我国的证据制度框架下，根据证据法的基本原理探讨了如何有效运用这类证据。总体上来说，本书的选题和内容属于"小题大做"型，但"做"得如何，就需要各位学术界前辈和同行来评价了。

　　本书的完成，首先要感谢我的导师马静华教授。马教授为人谦和、人格高尚，能够跟随马教授学习，实乃幸事。马教授不仅学术造诣高，而且对待学术的态度非常严谨，在对我毕业论文和小论文的指导中，都付出了大量时间和精力，提出了很多细致入微的意见，从马教授身上我学到了很多学术之道，使我受益终身。作为马教授的开门弟子，倍感压力巨大，希望日后能够有所成就，不辜负师恩。

　　其次，我要感谢同窗好友李鑫、韦永睿、陈盛等，与好友们探讨学术、随意聊天的生活轻松而有趣，希望日后能够经常相见，共同回忆求学阶段的美好时光。

　　再次，我想感谢的是《法商研究》《环球法律评论》《法律科学》《现代法学》《法学家》《法学论坛》《中国刑事法杂志》等学术期刊的编辑老师和评审专家，他们不介意我是一介后辈，对我的论文予以肯定，扶持我逐渐走上学术之路，在此，对各位老师的关照表示诚挚的谢意。

本书的出版，离不开社会科学文献出版社各位编辑老师的辛勤工作和付出，特别是为本书的出版不辞辛劳的芮素平老师，在此特别向她致谢！

最后，我要感谢妻子赵艳红女士，相识十几年来，我们一路风雨相伴，平时在学术和工作中遇到的诸多问题，我都喜欢回到家中唠叨不断，她总是一位耐心的听众。同时，也感谢日渐苍老的父母、岳父母对我的支持，希望日后能够多陪伴老人，多尽孝道。

图书在版编目（CIP）数据

刑事诉讼中的视频监控证据／纵博著 . -- 北京：
社会科学文献出版社，2021.6
ISBN 978 - 7 - 5201 - 8472 - 4

Ⅰ.①刑… Ⅱ.①纵… Ⅲ.①刑事诉讼 - 视听资料 -
证据 - 研究 - 中国 Ⅳ.①D925.213.4

中国版本图书馆 CIP 数据核字（2021）第 102461 号

刑事诉讼中的视频监控证据

著　　者／纵　博

出 版 人／王利民
责任编辑／芮素平
文稿编辑／单远举

出　　版／社会科学文献出版社·联合出版中心（010）59367281
　　　　　地址：北京市北三环中路甲 29 号院华龙大厦　邮编：100029
　　　　　网址：www. ssap. com. cn
发　　行／市场营销中心（010）59367081　59367083
印　　装／三河市尚艺印装有限公司

规　　格／开　本：787mm × 1092mm　1/16
　　　　　印　张：12.25　字　数：187 千字
版　　次／2021 年 6 月第 1 版　2021 年 6 月第 1 次印刷
书　　号／ISBN 978 - 7 - 5201 - 8472 - 4
定　　价／89.00 元